JN437316

글과 삽화로 보는 예수의 생애

예수사적그림 / PICTURES AND STORIES OF JESUS

초판발행 2014년 1월 10일

편 집 숭실대학교 한국기독교박물관
현대역 숭실대학교 한국기독교박물관 학예팀
현대역 감수 장경남 교수(숭실대 국어국문학과)
자료해제 오지석 박사(숭실대 베어드학부대학)
펴낸이 한헌수
펴낸곳 숭실대학교 출판국/ 서울 동작구 상도로 369
홈페이지 http://press.ssu.ac.kr

등 록 제 14-2호(1982.1.25)
TEL 02-820-0772
FAX 02-817-5297

찍은곳 스크린그래픽센터
TEL 031-945-4366

EDITORIAL 202GRID

값 : 18,000원
ISBN 978-89-7450-322-2
ISBN 978-89-7450-297-3 (세트)

예수사적그림

PICTURES AND STORIES OF JESUS

현대문

[일러두기]

1. 본 베어드 총서는 숭실대학교 한국기독교박물관에서 소장하고 있는 『예수사적그림』(IA6776)을 영인, 해제한 것이다.
2. 본서에 수록된 『예수사적그림』은 숭실대학 설립자인 베어드(W. M. Baird, 裵緯良) 박사가 저술하여 예수교서회에서 1938년 발간한 3판본으로, 원문 크기는 22.0×14.9cm이다.
3. 현대역은 원문에 충실한 직역을 원칙으로 했다.
4. 의미상 필요한 단어의 경우 한자를 ( ) 안에 병기하였다.
5. 본문 이해를 위해 필요한 경우 역주를 달았다.
6. 본문 감수는 장경남 교수(숭실대 국어국문학과)가, 자료 해제는 오지석 박사(숭실대 베어드학부대학)가 맡아 주었다.

차 례

베어드 총서를 간행하며

숭실대학교 한국기독교박물관은 학술 연구사업의 하나로 한국 최초의 근대 대학이자 기독교 대학의 전통을 계승하기 위해 학교사 자료를 수집, 정리 및 자료집 출간사업을 진행하고 있습니다. 본 '베어드 총서' 시리즈는 이처럼 숭실 교사자료 정리사업의 일환으로 발간하는 것입니다.

베어드는 숭실대학 설립자이자 한국 개신교 초기 선교사로 활동하며 교육 · 문서 선교에 지대한 업적을 남겼으며, 그의 부인이자 동역자였던 애니 베어드(Annie L. Adams, 安愛理), 로즈 베어드(Rose May Fetterolf, 裵路使) 역시 한국 선교에 커다란 족적을 남겼습니다. 이 베어드 총서는 이들의 한국 인식 및 기독교 선교 사상, 나아가 한국 선교의 발자취를 교계 및 학계에 널리 소개하고, 아울러 관련 연구자들의 연구활동을 촉진하기 위해 발간하게 되었습니다.

베어드는 1891년 미 북장로교 선교사로 내한하여 부산, 대구, 서울 등지에서 선교에 힘쓰다가 1897년 평양을 선교지역으로 정한 후 숭실대학교의 모태가 된 '숭실학당'을 설립, 교육선교에 주력하였습니다. 1916년에 숭실대학 학장직에서 물러난 후에는 문서선교 사업에 전력하며 많은 신학 관련 글을 발표하고 신앙서적을 발간하였습니다. 선교사역 40년만인 1931년 10월 소천하여 평양 장산묘지에 안장되었습니다.

베어드 및 그의 부인이 남긴 선교 유산은 각종 신앙교리서와 논문, 선교보고서, 일기, 서간, 그리고 그의 아들 리차드 베어드가 남긴 Profile 등이 있습니다. 한국기독교박물관은 베어드 자료 일부를 소장하고 있으며, 타 기관 소장

관련 자료도 지속적으로 수집, 정리작업을 진행하고 있습니다. 베어드 자료 가운데 일기, 서간문, Profile은 한국기독교박물관에서 연구 해제하여 비매품 한정본으로 간행할 것이며, 중요 신앙교리서와 논문 등의 기타 자료는 대중적 접근 및 활용도를 높이기 위해 본교 출판국에서 발간하게 되었습니다.

「베어드 총서」 시리즈는 향후 수년에 걸쳐 베어드 및 베어드 부인이 국내에서 출간한 신앙교리서 가운데 중요 자료를 선별하여 영인 및 현대역, 해제 작업을 통해 단계적으로 발간할 예정입니다. 한국 개신교 초기 이들이 펴낸 신앙서는 선교사들이 중요시했던 신앙 전파 및 선교 실상을 파악하는 데 유용한 자료가 될 것입니다.

아무쪼록 베어드 총서가 보급되어 베어드 일가의 선교 역사와 나아가 한국 개신교의 수용 및 성장의 역사를 살펴보는 데 도움이 되기를 바랍니다.

2013년 12월
숭실대학교 한국기독교박물관

모든 조선인들에게 예수, 그 분을 소개합니다!

『예수사적그림』(Pictures and Stories of Jesus)은 윌리엄 베어드 박사가 예수님의 생애를 54개의 장면으로 각각 제목을 붙이고, 그 제목에 어울리는 삽화와 성화를 통해 예수님의 행적을 소개한 책이다. 1928년 50면으로 처음 발행되었다. 현재 숭실대학교 한국기독교박물관이 소장하고 있는 것은 1938년에 82면으로 발행된 3판이다. 숭실본은 공공기관 소장본으로는 유일한 것 같다. 숭실본은 안타깝게도 겉표지와 판권지가 훼손되어 있다. 하지만 속표지가 남아 있어 저자와 이 책에 대한 기본적인 정보(저자, 영문제목, 출판년도, 가격, 출판사 등)를 알 수 있다.

일제강점기 동안 예수의 생애를 한글로 서술하거나 번역된 책들은『예수사적그림』을 포함해 18권 정도이다.[1]『예수사적그림』이 다른 책들에 비해 가장 두드러지는 특징은 단순히 예수의 일대기를 그림과 더불어 성경구절을 나열하기보다는 54개의 예수의 내러티브로 구성하고 있다는 것이다. 또 다른 특징은 성경공부나 예수의 일생에 대한 연구서가 아니라서 예수가 누구신지를 이야기처럼 쉽게 들려준다는 데 있다. 그리고 독자에 대한 배려 또한 눈에 띈다. 특히 1. '예수의 부모' 장면에서 많이 나온다. "산을 넘고 바다를 건너 저 멀고먼

1) 일제 강점기 동안에 한글로 발행된 예수의 생애와 관련된 책들 가운데 목록화 할 수 있는 것으로는『예수사적그림』을 비롯해서 18권 정도이다.『그리스도행적』(1921, 하디),『나사렛 예수』(1939, 유형기),『예수의 사요』(1938, T.S.Soltau 소열도 저),『예수의 생애와 교훈』(1932, H. F. Rall, 유형기 역),『예수의 슌행도』(1929),『예수의 평생행적대지』(1913,미국 클리블랜드 YMCA 편, 브록크만, 이원창 공역),『예수의 인격』(1919, 게일 외),『예수일대긔 사복음종합』(1936, 스와른 저),『예수전실기』(1930, 김기병),『예수전의 연구』(1915, 高橋鷹藏),『예수행적』(1932, 블레어 편),『예수행젹공부』(1909, 스왈른),『예수행젹긔념시』(1911, 게일, 이창직),『예수행슌도』(1913, 매컬리),『예수행젹문답』(1913, 샤프),『예수행젹차셔록』(1910, 아담스),『주님의 일생』(유형기) 등이다.

옛적 유대 나라에 ~, 날마다 동이를 가지고 동구(洞口) 밖에까지 물을 길러 다녔습니다. ~ 조선풍속과 같이 동이에 물을 길어 부은 후에 ~ 우리나라에서와 같이 물을 길러 모인 여인들이 물을 길으면서 ~ 그 나라 여인들도 물을 길러 우물에 모이면 쓸데없는 여러 가지 이야기를 많이 하였습니다." 또한 '8. 동방박사가 찾아옴'에서도 "그 박사들은 마치 서울 동물원(창경원 동물원)에 있는 것과 같은 약대"라고 표현하고 있어 독자가 조선인이라는 것을 염두에 두고 있음을 알 수 있다.

대부분의 책들에서는 예수의 생애를 공관 복음서에 기록된 것을 바탕으로 "출생과 유년기", "갈릴리 안팎에서", "예수의 예루살렘 행", "죽음과 부활"을 중심으로 성경 구절을 나열하거나 성경 본문의 의미를 설명하는 방식을 따르고 있다. 이와 달리 베어드 박사의 『예수그림사적』은 예수의 생애를 다루는 많은 책처럼 도표를 넣거나 생애를 시대 구분 짓거나 성경공부의 방식을 택하지 않고, 삽화나 성화들과 함께 성서의 내용을 이야기로 풀어내놓고 있다.

특히 속표지 가운데 위치한 그림은 인상적이다. 목수인 요셉, 물을 길러 오는 마리아, 그리고 목수 아버지와 함께 일하는 예수의 모습은 너무나 성스러워서 접근할 수 없는 존재가 아니라 늘 우리와 함께 일하며 호흡하는 존재로서 예수를 바라볼 수 있게 한다. 그 그림의 제목은 '공업에 종사하시는 예수'이다. 이것은 우리 사회에 뿌리 깊은 사농공상의 계급 의식에 경종을 울리는 것처럼 보인다. 노동자 예수, 이런 모습을 통해 조선인 누구나 예수를 만날 수 있다는 것을 은유적으로 표현하고 있다.

『예수사적그림』은 예수 생애의 명장면 54개로 구성되어 있다. 하지만 54개의 장면이 모두 그림과 함께 서술되어 있지는 않다. 그림이 없는 것으로 5. 예수의 탄생하심, 12. 예수가 요한에게 세례 받으심, 14. 사마리아 여인에게 전도하심, 20. 문둥병을 고치심, 21. 저녁때에 각색 병자를 고치심, 26. 열두 제자를 내어 보내심, 43. 포도나무 비유, 49. 예수의 운명하심, 53. 예수가 마리아와 말씀하심 등이 있다. 또한 29. 양과 목자의 비유, 47. 예수가 제사장과 빌라도 앞에서 심문 당하심에는 두 개의 그림을 통해 그 장면을 소개하고 있다. 또한 『예수사적그림』에 수록된 삽화는 단순한 삽화만이 아니라 성화라 불리는 것도 있다.

『예수사적그림』에 나오는 54개의 장면은 예수의 생애로 다음과 같이 구분해 볼 수 있다.

가. 예수의 탄생 : 1.~8.
나. 예수의 어린시절: 9. 10.
다. 공생애 준비: 11. 12.
라. 예수의 공생애(갈릴리에서의 생활)
- 전도 : 13. 14. 16. 26. 36.
- 이적 : 17. 23. 27. 28.
- 치유 : 15. 18. 19. 20. 21. 24. 25. 33. 34.
- 비유 : 22. 29. 30. 31. 32.
- 그 외 : 35. 37.
마. 예수와 예루살렘 : 38.~44.
바. 예수의 죽음: 45.~50.
사. 예수의 부활과 승천 : 51.~54.

『예수그림사적』은 베어드의 성서관과 그의 선교사역의 모든 것이 담겨져 있는 듯하다. 이미 스왈른과 함께 『사복음대지』를 통해 신약 성서 가운데 복음서를 어떻게 공부해야 하는지, 그 골자를 파악할 수 있도록 내놓았기 때문에 『예수그림사적』에서는 성서의 내용과 공부보다는 예수에 대한 이야기를 자신이 말하는 것처럼 직접 들려주고자 했기 때문이다. 그래서 혼자 읽거나 사랑방에서 여러 사람이 둘러 앉아 있고 한 사람이 읽어줄 때나, 예수에 대해 전달하고자 하는 내용이 쉽게 서술되어 있다. 그렇다고 해서 성서의 내용을 각색해서 성서를 자의적으로 해석하지도 않았다.

그래서 『예수그림사적』의 예수의 모습은 성서 속의 예수의 모습을 그림과 글로 스케치하는 것처럼 선명하다.

예수의 생애를 그림으로 그릴 수도 있고, 이야기로 꾸밀 수도 있고, 해석학적, 문헌학적으로 접근할 수도 있다. 하지만 예수, 그분이 누구신가에 대한 답을 종교적 편견 없이 그리고 선입견 없이 소개하기란 쉽지 않다. 베어드 박사의 『예수그림사적』은 이런 것을 뛰어넘는 수작이라고 할 수 있다.

『예수그림사적』은 20세기 일제강점기의 조선인들에게만 소통되는 것이 아니라 21세기 현대 한국인들에게도 예수를 어떻게 소개해야 하고, 사람들과 어떻게 소통해야 하는 지를 알려주는 귀한 작품이다.

『예수그림사적』은 베어드 박사 자신의 젊음과 모든 것을 다 쏟아놓은 조선 땅에 자신이 가장 귀중하다고 여기는 '예수'를 바르고 쉽게 소개하고자 하는 욕망과 선교사로서의 신앙고백이 고스란히 담겨져 있는 소중한 보물이다.

【 자료해제: 오지석(숭실대학교 베어드학부대학) 】

예수사적그림

PICTURES AND STORIES OF JESUS

배위량 박사 著

1938

조선기독교서회

Published by the

CHRISTIAN LITERATURE SOCIETY OF KOREA

예수사적그림

배위량 박사 著

1. 예수의 부모

마리아와 예수

산을 넘고 바다를 건너 저 멀고 먼 옛적 유대 나라에 나사렛이란 작은 촌이 있었습니다. 그곳에는 목수 요셉과 그 아내 마리아라고 하는 젊은 부부가 재미있게 살았습니다. 이 나라에서는 집을 돌로 짓고 사는 까닭에 목수라 할지라도 집 짓는 목수가 아니었고 날마다 집안에서 문짝이나 무슨 작은 가구(家具)를 만드는 목수였습니다. 이 두 내외는 본래부터 가난하였으므로 작은 집에서 살며 가가[1]에 심부름꾼이나 부엌에 밥 짓는 아주머니도 없었습니다.

요셉은 열심히 일을 할 때 마리아는 좁은 부엌에서 힘을 다하여 음식을 만들었으며, 또 날마다 동이를 가지고 동구(洞口) 밖에까지 물을 길러 다녔습니다. 그런데 그 물 긷는 이야기를 들으면 퍽 재미가 납니다. 조선 풍속과 같이 동이에 물을 길어 부은 후에는 그 물동이를 머리에 이고 몸과 머리를 똑바로 하고 가만가만히 걸어 다닌다 합니다. 우리나라에서와 같이 물을 길러 모인 여인들이 물을 길으면서 쓸데없는 이야기나 다른 사람의 험담

1) 가가(假家) : 임시로 지은 살림집.

을 하는 것과 같이 그 나라 여인들도 물을 길러 우물에 모이면 쓸데없는 여러 가지 이야기를 많이 하였습니다. 그러나 오직 마리아는 절대로 그런 나쁜 축에 섞인 일이 없었습니다.

2. 천사의 예고

천사가 마리아를 찾음

마리아가 아직 처녀로 있을 때의 일이었습니다. 마리아가 요셉과 정혼은 이미 하였으나 아직 혼례는 이루지 않고 그 친정에 있을 때, 하루는 천사가 그 기도하는 중에 나타나 그에게 말하기를,

"은혜 받은 자여! 평안할 지어다. 주 너와 한가지로 계시니라. 네가 장차 성신으로 잉태하여 아들을 낳으리니 그 이름을 예수라 하라. 그는 크게 되고 지극히 높은 하나님의 아들이라 일컬으리라."

하였습니다. 마리아가 말하기를,

"주의 계집종이오니 말씀대로 이루어지리다."

하니, 천사는 그를 떠나갔습니다.

신성한 가족이 마구간에 있음

3. 요셉과 마리아가 베들레헴으로 호적하러 감

한번은 유대 전국을 통하여 사람들이 생각지도 아니한 일이 생겼습니다. 그것은 그 나라 임금으로부터 호적령[2]이 내려 누구든지 다 한번 자기 본 고향으로 돌아가서 호적을 하게 된 일입니다. 그런데 요셉과 마리아의 고향은 베들레헴이란 곳이었습니다. 그래서

2) 로마의 초대 황제 아우구스투스는 로마제국의 지배하에 있는 식민국가를 체계적으로 지배하고 또 백성들을 정확히 파악하여 세금을 거둬들이기 위해 호적령을 내려 인구 조사를 실시하였다.

아무래도 한 번 그 곳에 돌아가지 아니하면 아니 될 형편이었습니다. 나사렛에서 베들레헴까지 상거[3]가 매우 멉니다. 또 그때는 지금과 같이 기차나 마차는 물론 없었고 인력거도 없었으며 길은 울멍줄멍[4]한 산길이며, 더욱 일기가 추운 겨울이었으므로 여행하기가 매우 곤란하였습니다. 만일 다리가 튼튼한 이거나 혹은 돈이 많아서 나귀나 말 같은 짐승을 타고 가면 나사렛에서 베들레헴까지 닷새 동안이면 갈 수 있다 합니다.

그런데 그때 마리아는 그리 건강하지도 못하였고 요셉은 돈도 많지 못하였습니다. 할 수 없이 그들은 때때로 타기도 하며 또 천천히 걸어서 갔습니다. 그리하여 나사렛에서 그들과 함께 떠난 이들은 다 먼저 가고 요셉과 마리아만 맨 뒤에 떨어졌다가 간신히 베들레헴까지 갔습니다. 그때에 그들은 매우 피곤하였습니다.

4. 신성한 가족

동방박사 3인이 예물을 가져옴

그런 중에도 그 날은 일기가 매우 추웠고 밤이 이미 깊었는데 여관마다 손님이 가득가득 차서 물어보는 집마다 빈 방이 없다 하니, 그들의 어려운 정형[5]은 실로 말할 수 없었습니다. 그러나 제일 마지막으로 물어본 여관에서 그 추운 밤중에 차마 그저 돌려보내기를 미안하게 생각하고 만일 마구간에서라도 자기를 원하면 허물치 말고 머물러 가기를 청하였습니다.

그때 마구간이라 하는 곳은 큰 바위의 구멍이었습니다. 그뿐입니까? 마구간 천정에서는 물이 뚝뚝 떨어졌습니다. 여러분! 생각해 보십시오. 이 얼마나 심

---

3) 상거(相距) : 서로 떨어져 있는 거리.
4) 울멍줄멍 : 여러 개의 크고 두드러진 것들이 고르지 않게 많이 벌여 있는 모양을 나타내는 말.
5) 정형(情形) : 사물의 정세와 형편을 아울러 이르는 말.

한 일입니까? 그 안에는 말과 구유[6]가 있고 그 밖에는 육축[7]이 둘러 있었습니다. 그러나 잘 곳이 없는 이 두 내외는 그런 곳에서나마 자고 가라는 것이 기뻐서 그날 밤을 마구간에서 잤습니다.

5. 예수의 탄생하심

그런데 그날 밤중에 이상한 일이 생겼습니다. 그 추운 겨울날 밤에 그들이 머무르는 베들레헴 어느 객줏집의 마구간에서 갓난아기의 "으앙!"하는 소리가 났습니다. 이 아이는 곧 하나님의 아들 예수 그리스도였습니다. 이때 마리아는 아기 예수를 포대기에 싸서 말구유에 누이고 보호하였습니다.

6. 천사가 목자들에게 나타남

목자가 아기를 찾아 옴

이 저녁에 베들레헴 가까운 들에서 목자들이 양을 지키고 있었습니다. 그 양은 하나님께 제사할 때 잡아 쓰는 것인 까닭에 매우 소중히 지키는 것이었습니다. 목자들은 양을 도적에게 잃을까 들짐승에게 잃을까 하여 번갈아 밤을 새워가면서 지켰습니다. 그 목자들은 성전에서 고용하는 사람들이었습니다. 이 밤에 목자들이 캄캄한 밤에 서로 차례로 양의 무리를 지키고 있었는데, 별안간 하늘에서 광채가 나타나 사면에 두루 비치며 두 천사가 나타났습니다. 목자들이 깜짝 놀라서 떨고 있을 때에 천사는 낮은 소리로,

6) 구유 : 가축의 먹이를 담아 주는 그릇.
7) 육축(六畜) : 소, 말, 돼지, 닭, 개, 양 등의 여섯 동물을 이르는 말.

“무서워 말라. 크게 기뻐할 아름다운 소식을 가져왔으니 세상의 구주가 지금 베들레헴 마구간에서 탄생하셨다.”
하고, 막 말을 마치자 다른 천사들이 많이 나타나며 소리를 높여 노래하기를,
“하늘 위에서는 하나님께 영광을 돌리고 땅에서는 기뻐함을 입은 사람들이 평안할 지어다.”
하였습니다.

목자가 예수께 경배함

7. 목자가 아기 예수를 찾아옴

이때에 목자들은,
“자! 우리 빨리 베들레헴으로 가서 아기 예수를 보자.”
하고, 급히 가서 마구간 구유에 누인 아기와 그 모친 마리아를 만나보았습니다. 마구간에서 난 아기는 오직 그 하나뿐이었으므로 목자들은 즉시 그인줄을 알고 크게 기뻐하고 만나는 사람마다 세상의 구주가 나신 것을 광고하였습니다.

8. 동방박사가 찾아옴

동방박사가 별을 좇아 옴

예수가 탄생하시자 예루살렘으로부터 먼 동방나라에 사는 천문학자들이 아기 예수를 찾아와서 경배하고 예물을 드렸습니다. 이 박사들은 천체(天體)의 일을 낱낱이 조사하여 아이의 어머니가 그 아들의 이름을 잘 아는 것처럼 별의 이름을 낱낱이 잘 알았습니다. 그런데 그들은 하루 저녁에는 유대나라 편으로부터 이때까지 보지 못하던 광채가 찬란한 대단히 큰 별 하나를 보았습니다. 박사들은 그

별을 보고 곰곰이 생각하다가 이는 분명히 사람들이 기다리는 매우 훌륭한 왕이 세상에 탄생하신 표적이라 하고, 의논하기를,

"자! 빨리 찾아가서 경배하자."

하고, 드디어 세 박사는 그 별을 바라보고 길을 떠났습니다.

그 박사들은 마치 서울 동물원(動物園)에 있는 것과 같은 약대[8]를 타고 오래오래 여행하여 간신히 예루살렘까지 왔습니다. 박사들이 예루살렘에 이르러 그 성 사람들을 보고,

"요사이 유대인의 왕으로 탄생하신 이가 어디 계시뇨?"

하고 물으니, 모두 대답하기를,

"알지 못하노라."

하면서, 이상한 얼굴로 박사들을 보았습니다. 그러자 이 소문이 곧 그 나라 왕의 귀에 들렸습니다. 이때에 왕은 크게 걱정을 하였습니다. 왜 그러냐 하면, 만일 이렇듯 훌륭한 왕이 새로 나셨으면 자기의 지위만 빼앗길 뿐 아니라 온 나라와 모든 것을 다 빼앗길 지도 모르겠다 하고, 대단히 황망하여 급히 그 신하 중에 제일 지혜 있는 사람을 불러서,

"대체 세상 사람이 기다리고 있는 구주가 어느 곳에서 나셨겠느뇨?"

하고, 물어보았습니다. 신하는 말하기를,

"그것은 책에 기록한 바를 보니 베들레헴에서 나셨을 것입니다."

하였습니다. 그러므로 유대왕은 박사들을 불러 이르는 말이,

"그대들은 가서 이번에 나신 왕을 찾아 경배하고 빨리 돌아와서 나에게 고하라. 나도 가서 경배하겠다."

하였습니다. 얼른 듣기에는 그 왕의 말이 고맙게 들립니다. 그러나 그것은 말뿐이요, 실상 그 마음 가운데는 아주 무서운 꾀가 있었습니다. 그것은 즉 예수 계신 곳을 알면 빨리 병정을 보내어 죽이려는 생각이었습니다.

박사들이 출발하여 빛나는 별이 인도하는 대로 베들레헴에 이르니 별이 아기 있는 집 위에 그치는지라, 박사들은 그 집에 들어가 아기예수를 찾아 경배하고 자기 나라에서 가지고 온 황금과 유향과 몰약[9]을 드렸습니다.

---

8) 약대 : 낙타과에 속한 짐승을 통틀어 지칭하는 말.

9) 몰약(沒藥) : 감람과에 속하는 몰약나무의 껍질에 상처를 내어 흐르는 유액을 건조시켜 만든 약재. 소염, 진통, 진균억제, 결핵균의 발육 억제 등의 효과가 있으며, 산후 어혈을 제거하는데 효과가 있음.

그날 밤에 박사들은 꿈에,
'예루살렘으로 가지 마라'
하는, 묵시를 받아 다른 길로 자기 나라에 돌아갔습니다.

9. 예수가 애굽[10]으로 피란하심

신성한 가족이 애굽으로 피난함

바로 같은 때에 요셉도 한 꿈을 꾸었습니다. 그는 꿈에,
'유대왕 헤롯이 아기를 죽이려 하니 빨리 일어나 어린 아기와 그 모친을 데리고 애굽으로 피하라'
하신 묵시를 받고 즉시 일어나 갔습니다.

이때에 헤롯왕은 박사들이 돌아오기를 기다려도 돌아오지 아니하매 속은 줄로 알고 크게 노하여 곧 병정을 보내어 베들레헴에 있는 사내아이를 두 살부터 그 아래로 다 죽이라 명령하였는데, 그렇게 하면 예수도 그 중에 끼어 죽으리라 함이었습니다. 이때 베들레헴에는 두 살이 되지 못한 사내아이를 둔 어머니가 몇이나 있었는지 모르겠습니다마는 그 어머니 된 이들이 이 잔인한 명령을 들을 때 얼마나 놀랐겠으며, 또 그들의 사랑하는 아이가 병정 손에 죽을 때에 그 마음이 어떠하였겠습니까? 이때 그 정형을 생각하면 실로 몸에 소름이 돋고 떨리며 무엇이라고 말할 수가 없습니다. 그러나 헤롯의 수고는 헛되고 말았습니다. 예수는 벌써 베들레헴을 떠나셨기 때문입니다.

그후 얼마 안 되어 이 악한 왕이 죽은 고로, 요셉은 예수와 그 모친을 데리고 애굽을 떠났습니다. 그러나 베들레헴에 들어가는 것은 위태하다 생각하여 이전에 살던 나사렛 촌으로 돌아갔습니다. 요셉은 목수인 까닭에 예수는 날마

10) 애굽 : 이집트.

다 톱밥 가운데서 노셨겠지요. 그는 점점 자라시는 대로 지혜도 점점 더하게 되었습니다.

10. 예수 12세 때에 예루살렘에서 유월절을 지내심

아기 예수께서 성전에 계심

이 나라 풍속에는 남자가 12세가 되면 예루살렘에서 일 년에 한 번씩 행하는 큰 제사에 참석하는 풍속이 있는데, 이 큰 제사는 남자에게 있어 그 보다 더 큰 즐거움이 없는 것이었습니다. 예수도 벌써 그 연령이 되었고, 그 큰 제사의 날은 점점 가까이 왔습니다. 그도 다른 아이들과 같이 그 날을 손꼽아 기다리고 있었겠지요.

"열흘만 지나면 예루살렘에 간다."

또 며칠 후에는,

"엿새 밤만 자면 간다. 아! 이제는 다만 사흘 밤이 남았구나. 아! 좋다. 이제는 하룻밤만 자면 된다."

하고, 마지막 날은 침상에서 잠을 이루지 못하고 기뻐하였겠지요.

그러는 중에 마침 그 날이 되었습니다. 요셉과 마리아는 예수를 데리고 아침에 일찍이 출발하였습니다. 때는 마침 봄이라 길 좌우편에는 아름다운 꽃이 만발하였고, 수풀 사이에 작은 새들은 봄을 기뻐하는 듯이 지저귀니 예수는 피곤함도 잊고 기쁘게 길을 걸어갔습니다.

그들은 나사렛을 떠난 지 나흘 만에 겨우겨우 예루살렘성을 보았습니다. 높은 돌담과 번쩍번쩍 빛나는 성전의 흰 지붕이 보이니 예수는 크게 기뻐하였습니다. 제사는 이레 동안 행하는 까닭에 그 동안은 사람들이 거의 다 성전 안에서 사는데, 예수는 너무나 재미가 많아서 제사가 벌써 끝나고 사람들이 다 자기 집으로 돌아갈 준비를 하는 것도 알지 못하였습니다.

요셉과 마리아는 집으로 돌아오는 길에 예수가 보이지 아니하였으나 그리 걱정을 아니 하였습니다. 그 까닭은 그들의 친척들도 많이 왔었으므로 예수가

목수일을 배우심

그 친척들을 따라 앞서 간 줄로 생각한 때문이었습니다. 그러나 저녁이 되어 여관에 이르러 본즉 예수를 데리고 온 이가 아무도 없었고, 물어보는 사람마다 못 보았다고 하니,

"아! 큰일 났구나! 예수가 혼자 떨어져서 길을 잃었구나."

하고, 양친은 대단히 근심하여 급히 예루살렘으로 올라가서 여기저기를 찾아보았습니다. 그들은 사흘 만에 성전 안에서 예수를 만났습니다. 예수가 성전 안에서 무엇을 하고 있었느냐 하면, 여러 선생들과 더불어 묻기도 하시며 대답도 하시고 있었습니다. 참 기이하지 않습니까? 겨우 열두 살 된 시골아이가 저 고명한 선생들과 문답한 일은 참 기이한 일이라 아니할 수 없습니다. 더욱이 이상한 것은 그 여러 학자들이 예수의 말씀을 듣고 명심한 것입니다.

요셉과 마리아는 예수를 보고 안심하는 동시에 그 문답하심을 보고 더욱 놀랐습니다. 그 모친은 예수를 보고,

"아이야! 어찌하여 이곳에 혼자 있느냐? 네 아버지와 내가 사흘 동안이나 너를 어떻게 찾아다녔는지 알 수 없다."

고 말할 때에 예수는,

"어찌하여 나를 찾으셨나이까? 내가 아버지 집에 있어야 쓸 줄을 알지 못하였나이까?"

하시고, 그처럼 재미있게 생각하는 성전을 떠나서 그 양친과 함께 나사렛으로 돌아오셨습니다.

무릇 이 세상 가운데 예수처럼 효심이 많은 이는 또 없을 것입니다. 밖에서는 아버지를 돕고 안에서는 어머니의 심부름을 잘하여 그 양친을 지성으로 섬겼습니다. 그리하여 누구든지 예수를 아는 사람들은 칭송하며 또한 사랑하지 않는 자가 없었습니다.

11. 세례 요한의 전도

세례 요한이 전도함

예루살렘 동편에 요단강이라 하는 강이 사해(死海) 바다로 흘러 들어가는데, 이 바다를 어찌하여 사해라고 이름 하였느냐 하면, 그 바다의 물이 매우 농(濃)한 소금물이었으므로 한 마리의 고기도 없고, 또 그 해안에는 초목도 생장하지 못하는 까닭이랍니다. 어느 누구든지 이와 같이 고기 한 마리도 없고 식물도 자라지 못하는 지독한 황무지에 살기를 원치 아니하여 그 토지는 자연히 적막하게 되었습니다.

그러나 이 황무지가 한 때는 많은 사람들에게 밟힌 일이 있습니다. 요한이라 하는 큰 위인(偉人)이 그 곳에 살 때에는 많은 사람들이 요한의 설교를 들으러 왔었습니다. 요한은 베로 만든 의복이 아닌, 약대의 가죽을 몸에 둘렀으며 가죽 띠로 허리를 묶어 실로 이상한 태도로 있었습니다. 그의 음식은 쌀이나 보리가 아니요, 들에 있는 메뚜기와 석청[11]이었습니다.

그러나 그의 의복이나 식물보다도 더 기이한 것은 그의 설교였습니다. 그는 참으로 다른 사람이 말하지 못하는 것을 말하였습니다. 이제 곧 하나님의 아들이 오실 터이니 각각 준비하고 기다리라고 외쳤습니다. 그 말에 기다리라함은 기(旗)를 세운다든지 송문(松門)을 만든다든지 또는 길 좌우편에 갈라서서 영접하라 함이 아니요, 사람마다 마음을 깨끗이 하고 지금까지 악한 일 하던 것을 버리고 옳은 일을 행함으로써 하나님의 아들이 오실 때에 반가이 영접케 하라 함이었습니다. 예를 들면 군사는 백성을 학대하지 말고, 세리[12]는 정한 세 외에 더 받지 말며, 부자는 가난한 사람을 구제하며, 물론 누구에게나 친절히 교제하고 무릇 선한 일을 힘써 행하라 함이올시다.

요한은 자기 설교를 듣고 회개하는 사람에게는 죄 씻는 표시로 요단강에서 세례를 베풀었습니다. 그런고로 이 요한을 세례 요한이라 합니다.

11) 석청(石淸) : 산속의 나무나 돌 사이에 석벌이 모아놓은 질이 좋은 꿀.

12) 세리(稅吏) : 세금을 매기고 거두어 들이는 업무를 담당하는 관리.

12. 예수가 요한에게 세례 받으심

하루는 예수도 다른 사람들과 같이 요한에게 세례를 받으러 나오셨습니다. 요한은 예수가 아직 한 번도 악한 일 하신 것이 없으심을 아는 까닭에 세례 받을 것이 없다고 사양하며 말하기를,

"내가 그대에게 세례를 받을 터인데 그대가 내게로 오시나이까?"

하니, 예수 말씀하시기를,

"이제 허락하라. 우리가 이와 같이 모든 의를 행하는 것이 합당하니라."

하시매, 요한이 허락하여 예수가 세례를 받으시고 물에서 올라오실 때에 성신이 비둘기 모양으로 그 머리 위에 임하시고 하늘에서 소리가 있어,

"이는 내 마음에 합당한 내 사랑하는 아들이라."

하였습니다.

그 후에 예수는 혼자 들로 가서 40일을 금식하신 후 굶주리시는 동안에 꼭 세 번 악한 마귀의 시험을 받으셨습니다. 예수는 언제든지 하나님의 말씀으로 악한 마귀를 이기셨으므로 그의 악을 이기는 힘은 점점 강하게 되었습니다.

13. 예수가 처음으로 니고데모에게 말씀하심

니고데모가 밤에 예수께 옴

그 후 예수께서 예루살렘에 올라가셨을 때에 예수를 만나서 그 설교를 듣고자 하는 사람이 퍽 많았습니다. 그런데 그 중에 유대인의 관원 니고데모라 하는 사람이 있었습니다. 이 사람은 겁이 많은 사람이었으므로,

"뭐야? 선생과 관원의 신분으로서 저 시골 나사렛에 일개 목수 아들을 보러 가다니!"

하고, 자기를 비웃고 욕하는 모든 사람들의 눈을 피하기 위하여 밤에 가만히 예수를 찾아가 보았습니다. 예수는 니고데모를 보시고,

"사람이 거듭나지 아니하면 하나님 나라에 들어가지 못한다."
고 말씀하셨습니다. 니고데모는 이 말씀을 듣고 놀랐습니다.

'어떻게 하면 사람이 거듭날 수가 있을까?'
하고, 그는 생각을 하였습니다.

그러나 예수께서 간절한 말씀으로써 사람이 거듭난다 하는 말은 사람의 마음이 새롭게 되는 것을 가르친 말이니, 지금까지 나의 마음대로 하려 하는 악한 마음을 버리고 하나님께로부터 온유하고 겸손한 마음을 받는다는 말씀과, 또 하나님께서 세상 사람을 사랑하셔서 그 죄를 속량[13]하시며, 또 그 죄악 가운데서 건져내시려고 독생자 예수를 보내신 것과, 또 누구든지 그 아들을 믿으면 새로운 좋은 마음을 받아 구원 얻을 수 있는 것을 자세히 가르쳐주셨습니다.

14. 사마리아 여인에게 전도하심

그 후에 예수께서 예루살렘을 떠나사 나사렛으로 돌아가실 때에 제자들과 함께 사마리아 지경을 지나시게 되었습니다. 점심때가 되니 제자들은 먹을 것을 사러 성 안으로 들어가고 예수는 매우 피곤하여 사마리아 우물곁에 앉으셨습니다. 이때에 마침 성 안으로부터 여인 하나가 우물에 물을 길러 나왔습니다.

예수는 그 여인에게 물을 좀 달라고 하셨습니다. 여인은 예수의 얼굴을 보고 유대사람인줄 알고 놀랐습니다. 이는 유대사람이 사마리아 사람을 낮게 보고 결코 말하지 아니하는 까닭이었습니다. 그 여인은 더군다나 예수가 하신 말씀을 듣고 놀랐습니다. 즉,

"내가 네게 주는 물은 한 번만 마시면 영원히 목마르지 아니 하리라."
하신 말씀과, 또 예수께서 그녀의 그때까지 행한 여러 가지 악한 일을 낱낱이 아시고 말씀하심이었습니다. 그러면서도 그 여인이 하나님에 대하여 물어 볼 때에는 아주 간곡히 설명해 주셨습니다. 여인이 예수께 하나님을 경배할 곳이

13) 속량(續良) : 돈이나 곡식 등을 내고 죄에서 벗어남.

예루살렘 성전이 아니면 아니 되는지, 또 그곳 산 위에서 하여도 무방한 지를 물어 볼 때에 예수가 대답하시기를,

"하나님께 경배하는 곳은 성전도 아니요, 산 위도 아니다. 참으로 신에게 경배하는 것은 그 처소가 상관이 없고 오직 사람 마음에 달렸다."
고 하셨습니다.

이때에 그 여인의 마음 속에는 예수가 하나님의 아들이라 하는 믿음이 일었습니다. 꼭 이때에 제자들이 저자로부터 돌아와서 선생님이 사마리아 여인과 더불어 말씀하심을 보고 놀랐습니다. 여인은 물동이와 모든 것을 버리고 급히 성 안으로 들어가서 많은 사람들을 예수께로 데리고 나왔습니다. 그래서 그 중에는 예수의 가르침을 듣고 신자가 많이 생겨났습니다. 여러 사람들이 더 묵고 가시기를 청하니 예수가 이틀 동안을 더 머무르시며 천국복음을 백성들에게 가르쳐 주셨습니다.

그리하여 예수를 사모하고 또 그 가르치심을 듣고자 하는 사람들이 사방에 구름같이 모여들었습니다. 그리하여 신자가 많이 생겼습니다. 그렇지만 나사렛 사람들은 예수를 냉대하여 그가 처음으로 회당에서 가르치실 때에,

"아하! 목수 요셉의 아들이 어떻게 저렇듯 훌륭한 흉내를 내는가?"
하고, 비웃는 자가 많았습니다. 또 어떤 자들은 대단히 노하여 불법으로 예수를 끌고 산 위 낭떠러지로 올라가서 떨어트려 죽이려 한 일도 있었습니다. 그렇지라도 예수는 피하였고, 가버나움으로 가셨습니다.

과부의 아들이 다시 태어남

15. 나인성 과부의 죽은 아들을 살리심

예수께서 이와 같이 갈릴리 여러 촌으로 여행하실 때에 한 번은 나인이란 성문 앞에 가까이 이르시자 마침 성 안으로부터 나오는 한 상여를 만나시니, 많은 무리가 슬퍼하며 상여 뒤를 따라옴은 그 성안에 사는 한 과부의 외아들이 죽었으므로 외아들을 잃은 그 과부와 성 안에 그 이웃 사람들이 다 같이 슬퍼하는 연고였습니다.

이때에 예수께서 걸음을 멈추고 서서 그 어미 과부의 슬퍼함을 보시고 불쌍히 여기시어 상여 곁에 가까이 이르러 그 과부에게 말씀하시기를,

"울지 마라."

하시고, 또 상여를 손으로 어루만지시며 큰 소리로,

"소년아! 일어나라!"

하시니, 죽었던 소년이 즉시 상여로부터 일어났습니다. 이같이 예수는 그 죽었던 소년을 다시 살리시어 그의 사랑하는 어머니 품에 안겨 주었습니다.

16. 가버나움 바닷가에서 전도하심

예수께서 가버나움에 와 계실 때 일입니다. 가버나움이란 곳은 갈릴리바다 언덕에 있는 어촌(漁村)인데, 이 촌에 사는 어부 중에는 세례 요한으로부터 예수의 일을 듣고 벌써부터 제자가 된 자도 있었습니다. 하루는 예수께서 바닷가에 앉아 계실 때에 많은 사람들이 예수 뒤를 따라와서,

"청컨대, 선생님이여! 하나님의 거룩하신 말씀을 들려주소서."

하고, 간청하였습니다. 그러므로 예수는 베드로라 하는 어부의 배를 타시고 배를 언덕에서 조금 떠나게 하셨습니다. 그리하여 예수는 배 위에서 설교하시고 사람들은 언덕에서 들었습니다. 이 배 주인 베드로는 벌써 예수의 제자가 된 사람 중 한 명이라, 그런고로 예수 설교를 마치시고 언덕에 내리사 베드로에게 그물을 내리라고 말씀하셨습니다.

고기 잡는 이적을 행하심

17. 고기 잡는 이적을 행하심

베드로는 예수께서 그물을 내려서 치려고 하실 때에,

"선생님! 아니올시다. 쓸데없는 일입니다. 지난 밤 새도록 그물을 내렸으나 고기는 한 마리도 못 잡았습니다. 그러나 선생님이 말씀하시니 내리겠나이다."

하고, 곧 그물을 내렸습니다. 그런데 고기가 어찌나 많이 잡혔던지 무거워 끌어 올릴 수 없을 뿐 아니라 그물이 다 찢어지게 되었습니다. 그래서 베드로는 다른 배에 있는 동무를 불러서 그물을 겨우 끌어 올려 본 즉 고기가 두 배에 가득차서 배가 물에 거의 잠기게 되었습니다. 과연 이를 본 사람들은 다 놀랬습니다. 베드로는 예수가 확실히 하나님의 아들이심을 알고 크게 놀라서 예수 앞에 엎드려,

"청컨대 나를 떠나소서. 나는 죄인이로소이다."

하였습니다. 예수는 인자하신 말씀으로,

"그렇게 두려워하지 마라. 너는 지금부터 고기를 낚는 대신에 사람을 낚는 어부가 되리라."

하셨습니다. 그리하여 베드로와 그 형제 안드레와 또 다른 배의 야고보와 그 형제 요한은 이때부터 각기 배를 버리고 예수를 좇았습니다.

18. 회당에서 사귀 들린 사람을 고치심

사귀 들린자를 고치심

다음 안식일에 예수께서 회당에 들어가 설교하실 때에 듣는 자마다 그 말에 놀라지 않은 자가 없었습니다. 왜그러냐 하면 그의 말씀이 다 확실히 이치에 적합하여 듣는 사람의 마음을 감동케 한 연고였습니다. 예수가 설교하시는 중에 마침 악한 사귀[14] 들린 자가 와서 큰 소리로,

"당신이 나를 멸망시키러 왔나이까? 나는 당신을 아노니 당신은 하나님의 아들이십니다."

하고, 불렀습니다. 예수께서 그 사귀를 꾸짖어 그 사람에게서 나오라 하시니, 그 사귀는 한 번 큰 소리를 지르고 그 사람으로부

14) 사귀(邪鬼) : 요사스러운 귀신.

터 나왔습니다. 그 사람은 이때부터 완인[15]이 되었습니다. 이를 본 사람은 예수께 대하여 더욱 놀랐습니다.

19. 베드로 장모의 병을 고치심

모임이 끝나자 예수는 베드로의 집으로 들어가셨습니다. 이 집에도 병인[16]이 있었습니다. 이는 베드로의 장모였는데, 열병으로 매우 중하게 앓아 누었었습니다. 베드로의 장모는 예수가 그 곁에 가서 다만 손을 잡아 일으키실 때에 열병이 홀연히 물러가고 완인이 되어 평상시와 같이 무슨 일이든지 할 수 있게 되었습니다. 그래서 이 소문은 갑자기 사방에 퍼졌습니다.

20. 문둥병을 고치심

문둥병자를 고치심

유대 나라에는 문둥병이 많습니다. 예수께서 문둥병을 즐겨 고치시니 그 소문이 널리 퍼진지라, 병자들이 듣고 때때로 예수를 찾아와서 그 앞에서 부르짖기를,

"부정하다!"

하였습니다. 이 말은 다른 성한 사람들로 하여금 가까이 오지 못하도록 하는 말이었습니다. 하루는 문둥병자가 예수께 나아와서 하는 말이,

"주여! 만일 하고자 하시면 나를 깨끗하게 하시리다."

하니, 예수가 민망히 여기사 손을 그 병인에게 안찰[17]하신즉 문둥병은 즉시 나았습니다.

---

15) 완인(完人) : 병이 완전히 나은 사람.

16) 병인(病人) : 병에 걸린 사람.

17) 안찰(按察) : 조사하여 살핌.

21. 저녁때에 각색[18] 병자를 고치심

그러자 저녁때가 되니 각처로부터 병인들이 모여와서 예수 앞에는 병자들이 산같이 둘러 있었습니다. 그 중에는 어린 아이 병자도 있고, 저는 자도 있고, 소경도 있으며, 또 악한 사귀에게 잡힌 자도 있었습니다. 예수는 그 많은 병자들을 다 낫게 하여 돌려 보내셨습니다.

이튿날 아침에 예수는 일찍이 일어나사 한적한 곳으로 기도하러 가셨습니다. 그러나 제자들은 그 뒤를 따라와서 많은 사람들이 선생님을 찾는다고 말하였습니다. 그래서 예수는 제자들을 데리고 그 가까운 고을에서 혹 가르치고, 혹 병인을 고쳐주셨습니다.

22. 씨 뿌리는 비유

씨 뿌리는 것

예수께서 자주 자주 비유를 베풀어 하나님의 도를 가르치셨습니다. 그 여러 가지 비유 중에서 이제 씨 뿌리는 비유를 말씀하려 합니다.

"어떤 사람이 밭에 씨를 뿌리러 나가 뿌릴 새 어떤 씨는 길가에 떨어져 새가 와서 주워먹습니다. 또 어떤 씨는 돌짝밭[19]에 떨어진 고로 싹이 나오나 흙이 얇아서 뿌리가 박히지 못하고 말라 죽습니다. 또 어떤 씨는 가시덤불에 떨어지매 가시가 덮여 잘 자라지 못하여 열매를 맺지 못합니다. 그러나 옥토에 떨어진 씨는 점점 잘 자라서 드디어 삼십 배나 육십 배나 혹 백 배의 열매를 맺습니다."

제자들은 이 비유의 말씀을 듣고도 그 뜻을 깨닫지 못하였습니다. 그런 고로 예수는 또 그 뜻을 가르쳐 주었습니다.

---

18) 각색(各色) : 서로 다른 여러 가지.

19) 돌짝밭 : 자갈밭.

먼저 그 씨를 뿌린 사람은 예수 자기를 비유한 것이요, 종자는 거룩한 하나님의 말씀이요, 땅은 사람의 마음이외다. 같은 하나님의 거룩한 말씀을 들어도 어떤 사람의 마음은 꼭 길 곁과 같아서 여러 가지 생각이 들어와 섞여서 하나님의 거룩한 말씀을 모처럼 들은 것을 곧 잊어버립니다. 이것은 꼭 공중에 나는 새에게 먹혀버림과 같습니다. 또 어떤 사람의 마음은 자갈밭과 같아서 듣는 그 자리에서는 기뻐 믿으나 믿음의 뿌리가 없어 조그마한 핍박이 있어도 곧 하나님을 떠나버립니다. 또 어떤 사람의 마음은 가시덤불이 번성함과 같이 세상 일만 생각하여 하나님의 일을 생각지 않는 고로 믿음이 쇠하여 버립니다. 그러나 하나님의 거룩한 말씀을 듣고 행하여 어려움을 참아가며 하나님을 잘 섬기는 사람은 꼭 옥토와 같습니다. 이런 사람의 선한 행실을 보고 많은 사람이 하나님 앞으로 돌아오게 됩니다.

23. 바다를 잔잔케 하심

바다를 잔잔케 하심

예수께서 이날 저녁에 이 말씀 외에도 많은 설교를 하시고 제자들을 데리고 호수 저편으로 건너가시려고 배에 올랐습니다. 그런데 해안을 막 떠나자 갑자기 바람이 일어나 바다는 매우 흉흉하였지만 예수는 피곤하시므로 날이 밝도록 배안에서 주무셨습니다. 제자들은 크게 두려워하여 예수께 와서,

"선생님! 큰일이 났습니다. 우리의 생명이 위태하게 되었습니다."

하고, 마침내 예수를 깨웠습니다. 예수가 일어나사 바람과 바다를 꾸짖어,

"잔잔 하라!"

하시니, 바람이 그치고 물이 잔잔하여 좋은 날씨가 되었습니다. 그리고 예수는 제자에게 향하여 말씀하시기를,

"너희는 어찌하여 그렇게 무서워하느냐? 너희 믿음이 어디 있느냐?"

하셨습니다. 제자들은 이 말씀을 듣고 매우 무서웠습니다. 그리하여 서로 서로 말하였습니다.

"아! 이 어떤 사람이건데 바람과 바다도 순종하는고!"

라고.

24. 야이로의 딸을 살리심

야이로의 딸을 살리심

삼일 후에 예수께서 해안에서 설교하실 때에 회당의 어른 야이로라 하는 사람이 와서 예수 발 아래 엎드려 꼭 자기 집에 오시기를 청하였습니다.

"나의 딸이 몹시 앓아 거의 죽게 되었사오니, 청컨대 오셔서 거룩한 손으로 한 번만 안찰하여 주소서. 그리하시면 저의 딸이 곧 낫겠습니다."

하였습니다. 예수는 그가 원하는 대로 허락하시고 그 사람과 같이 가실 때에 많은 사람이 그 뒤를 따랐습니다.

회당어른의 집으로부터 종이 와서,

"당신의 딸이 그만 죽었으니 이제 선생님을 괴롭게 하여도 쓸 데 없나이다."

하고 말하였습니다. 예수께서 그 종의 하는 말을 들으시고,

"두려워 말고 오직 믿으라."

말씀하시고, 일행(一行)과 함께 그 집에 이르렀습니다. 이때 집사람들은 울고 슬퍼하여 크게 혼잡하였습니다. 그리하여 저들에게,

"울지 마라! 딸이 죽지 않고 잔다."

고 하셨습니다. 그러나 온전히 죽었으므로 얼른 울음이 그쳐지지 않았습니다.

예수는 그 딸의 시체 둔 곳으로 들어가셔서 꼭 아이의 어머니가 잠자는 아이를 일으킴과 같이 쉽게 일으키시어 그 부모에게 주었습니다. 그의 딸은 온전히 살아났습니다. 딸의 양친은 뜻밖의 일을 당하고 어쩔 줄을 모르고 있었습니다. 예수는 그 양친에게 향하여,

"딸이 살아나 벌써 강건하게 되었으니 먹을 것을 주라."

하셨습니다. 그의 딸이 예수에게 다시 살림을 받을 때에 나이 열 두 살이었습니다.

25. 열두 해 혈루증[20] 있는 여인을 고치심

병든 여자가 예수의 옷자락을 만짐

이상 야이로의 집으로 가시는 길에서 많은 사람들이 따르는 중에 열두 해 혈루증으로 고생하는 여인 하나가 있었습니다. 이 여인은 자기의 병을 고치고자 하여 많은 의사에게 진찰도 받고 약도 많이 쓰고 온갖 좋다는 것은 다 해보았으나 재산만 탕진할 뿐이요, 조금도 낫지 않고 병은 오히려 더할 뿐이더니 일찍이 예수의 소문을 듣고 어떻게든지 예수의 입으신 옷자락만 만져도 반드시 병이 나으리라고 믿고, 가만히 많은 무리 가운데로 들어가서 예수의 뒤에 서서 옷단을 만졌습니다. 예수께서는 곧 이를 아시고,

"지금 나의 옷을 만진 자가 누구냐?"

하시고 물어보았습니다. 제자는 그 말씀을 듣고,

"아하! 선생님! 선생님 뒤에서 무리들이 옹위[21]하여 미나이다."

하였습니다. 그러나 예수는 오히려 뒤를 돌아보시며 자기를 만진 자를 찾았습니다. 그래서 그 여인은 벌벌 떨며 예수 앞에 나아와서,

"여차여차한 까닭으로 내가 당신의 옷자락을 만졌나이다."

하고, 바른 대로 말했습니다. 예수는 그 여인에게,

"근심 마라! 네 믿음이 네 병을 낫게 하였다. 가라! 이제 후로는 더 병에 걸리지 아니하리라."

고 말씀하셨습니다.

20) 혈루증(血漏症) : 부인병으로, 월경 이외에 자궁 출혈 또는 음부로 피를 흘리는 병.
21) 옹위(擁衛) : 주위를 둘러쌈.

26. 열두 제자를 내어 보내심

예수의 가르치심을 듣고자 하는 사람과 병을 고치려 하는 사람이 너무도 많이 와서 복잡한 까닭에 예수는 미리 택하여 두신 열두 제자를 두 사람씩 짝지어 여기저기 보내사 백성들에게 하나님의 말씀을 전하게 하였습니다. 이 제자들은 또 병 고치는 능력도 받았습니다. 제자들은 크게 기뻐하며 나가서 여러 고을로 다니며 각각 일하고 다시 예수께로 돌아왔습니다. 예수는 제자들이 곤할 줄 아시고 친절히 제자들에게 한적한 곳으로 가서 좀 쉬라고 하셨습니다.

그런 고로 함께 배를 타시고 호수 저편 한적한 곳으로 가셨습니다. 그런데 많은 사람들은 이를 보고, 어떤 사람은 예수가 가실 곳을 아는 까닭에 배가 호수를 건너가는 사이에 육지로 해안을 돌아 건너편에 예수보다 먼저 가서 기다리고 있었습니다. 예수가 모처럼 제자들과 같이 쉬려고 생각하고 가셨을 때에 사람들이 먼저 와서 기다리고 있었으니 매우 민망하셨겠지요. 그럴지라도 예수는 그들을 싫어하시지 아니하시고 도리어 불쌍히 보시기를 목자 없는 양과 같이 생각하셔서 하나님의 일에 대하여 여러 가지로 가르쳐주셨습니다.

27. 5천 명을 먹이심

5천 명을 먹이심

예수는 날이 밝도록 말씀하시고, 벌써 해가 곧 지게 된 까닭에 제자들은 예수에게,

"선생님! 이처럼 날이 늦었는데 이 사람들은 식물[22]을 아무것도 가지지 아니한 모양이오니 저편 마을로 가서 각각 무엇을 사먹게 하소서."
하였습니다. 그런즉 예수는,

"무엇? 너희가 먹을 것을 주라."
고 말씀하셨습니다. 제자들은 깜짝 놀라서,

22) 식물(食物) : 먹을 것.

"선생님! 어떻게 그렇게 할 수가 있겠습니까? 무엇으로 이 많은 사람을 먹일 수 있사오리까?"
하였습니다. 예수는,
"너희가 가지고 있는 것이 무엇이냐?"
고 물었습니다. 제자 중에 안드레가 대답하기를,
"이 곳에는 소년이 가진 떡 다섯 덩이와 물고기 두 마리뿐입니다."
하였습니다. 예수는 제자에게,
"그것이면 넉넉하니 사람을 백 명 혹 오십 명씩 떼를 지어 풀 위에 앉히라."
하셨습니다.

이때 그곳에 모인 사람의 총 수는 여인과 아이들을 빼놓고 오천 명이나 되었습니다. 다 열을 지어 앉힌 후에 예수는 그 떡 다섯 덩이와 물고기 두 마리를 가지시고 먼저 하나님께 축사하신 후에 나누어 제자들에게 주시니, 제자들은 그 떡과 그 고기를 사람들에게 각각 나누어 주었습니다. 떡과 고기를 암만 떼어도 줄어들지 아니하니 그처럼 많은 사람이 배불리 먹고도 부스러기가 넉넉히 남았습니다. 그래서 떡 부스러기를 주우니 열 두 광주리에 찼습니다. 이때에 그 많은 사람들은 다 크게 놀래어 예수는 확실히 그들이 바라고 오래 기다리던 왕이 틀림이 없는 즉 반드시 그를 왕으로 세우지 않으면 아니 되겠다고 하였습니다. 그럴지라도 예수는 산 위 한적한 곳으로 피하여 가셨습니다. 차차 날은 저물었습니다. 그러나 예수는 내려오시지 아니 하시는 까닭에 제자들이 가버나움 편으로 배를 저어 나아갔습니다.

바다에서 베드로를 구하심

28. 예수께서 바다 위로 걸어오심

그런데 또 폭풍이 시작하여 바람이 점점 심하고 파도가 흉흉하여 배는 오도 가도 못하였습니다. 예수가 산에서 이 어려운 모양을 보시고 빨리 내려오사 바다 위로 걸어 제자들에게 나아오시게 되었습니다.

제자들은 예수께서 바다 위로 걸어오심을 보고 요물인가 생각하여 크게 무서워하였습니다. 예수는 제자들의 생각을 아시고 말씀하시기를,

"나다. 나니 무서워 마라."

하셨습니다. 이때에 베드로는 말하기를,

"선생님! 만일 참으로 선생님이시면 나도 물 위로 걸어오라 하소서."

예수 말씀하시기를,

"오라!"

하시니, 베드로는 배에서 뛰어내려 예수를 향하여 가다가 바람이 맹렬함을 보고 겁이 나서 빠지게 되었습니다. 베드로는 힘을 다하여

"선생님! 구원하여 주소서……"

부르짖었습니다. 예수는 곧 손을 내밀어 베드로를 붙잡으시며,

"어찌하여 두려워하느냐? 너는 아직 나를 믿음이 부족하구나."

하였습니다.

예수께서 베드로를 붙드시고 배에 오르실 때에 바람은 아주 그쳤습니다. 배 가운데 있던 다른 여러 제자들은 다 예수 앞에서 엎드려 절하며 말하기를,

"선생님은 참으로 하나님의 아들이로소이다."

하였습니다.

29. 양과 목자의 비유

선한 목자가 잃었던 양을 찾음

예수가 사시던 나라에는 양이 많았습니다. 그런 고로 예수는 이때 사람들이 알아듣기 쉬운 양과 목자의 비유를 종종 많이 하셨습니다. 어떤 목자는 양의 무리를 잘 돌아보아 어떤 때는 도적에게나 들짐승에게 잃는 일도 없지 아니한 까닭에 그런 염려가 없게 주의합니다마는, 품꾼[23]이 되어 주인의 양을 돌아보는 목자는 진실히 보

23) 품꾼 : 품팔이로 살아가는 사람.

선한 목자

지 못하는 자도 있습니다. 그런 사람은 이리가 오면 양을 버리고 자기만 피해 버립니다. 예수는 당신이 어른이나 아이나 모든 인간을 얼마나 사랑함을 보이기 위하여 좋은 목자의 비유를 들어 말씀하셨습니다.

예수 말씀하시기를,

"나는 선한 목자라. 선한 목자는 양을 위하여 목숨을 버린다."

고 하셨습니다. 예수는 또 자기가 우리를 사랑하여 주실 뿐 아니라 우리들이 서로 사랑하지 아니하면 아니 되겠다고 말씀하시고,

"네 이웃 사랑하기를 네 몸 같이 사랑하라."

고 가르치셨습니다.

30. 착한 사마리아 사람의 비유

사마리아 사람이 다친 사람을 도와줌

어떤 사람 하나가 말씀을 듣고 예수께 묻기를,

"그러면 누가 내 이웃입니까?"

하니, 예수는 다음과 같이 재미있는 이야기로 그 말에 대답해주셨습니다.

어떤 사람이 예루살렘으로부터 여리고까지 여행하는 중에 길가에서 도적을 만났습니다. 도적은 그가 가진 물품을 다 빼앗고 입은 옷까지 벗기고 거의 죽게 때린 후에 도망하여 갔습니다. 얼마 아니 되어 어떤 제사장이 그 곳을 지나다가 그 사람을 보고도 못 본 체 하고 갔고 또 조금 뒤에 레위 사람(하나님의 성전을 맡은 사람)이 그 길을 지나다가 일부러 그 사람 맞아 누운 곳까지 가서 보고도 역시 지나가 버렸습니다. 그 후에 사마리아라 하는 다른 지방 사람이 그 곳을 지나가다가 그 참혹한 모양을 보고 측은히 여겨 곧 나귀에서 내려 그 곁으로 가서 그 상처에 약을 바르고 베로 싸맨 후에 자기가 탔던 나귀에 태우고 그

근처 여관으로 데리고 갔습니다. 그리고 그 날은 자기도 그와 함께 머물고 그 이튿날 떠날 때에 여관 주인을 불러 그 중상 입은 사람을 잘 간호하여 주라 부탁하며 그 부비[24]를 물어준 후에 또 말하기를, '만일 비용이 더 들면 자기가 돌아오는 길에 갚아주마.' 하고 길을 떠나갔습니다. 예수께서 이 말씀을 하시고 제자들에게,

"자! 이 세 사람 중에 누가 그 도적 만난 사람의 이웃이 되겠느냐?"

물으셨습니다. 그 대답이,

"셋째 번에 구제해 준 사마리아 사람입니다."

하니, 예수 말씀하시기를,

"그러면 너도 그를 본받으라."

고 하셨습니다.

31. 백합화 비유

교회당에서 가르치심

또 어떤 때에 예수는 백합화가 만발한 곳에서 사람들을 가르치기도 하였습니다. 이때에 말씀을 듣고 있던 사람들 중에 다수는 날마다 먹을 물건과 입을 것으로 인하여 근심 걱정하는 가난한 사람들이었습니다. 그리하여 예수는 이같이 말씀하셨습니다.

"너희들은 먼저 하나님 나라와 그 의를 구하라. 그리하면 다른 것은 자연히 주시리라. 저기 피어있는 백합화를 보라. 백합화는 아무것도 하는 것이 없건마는 이 세상에서 제일가는 부자가 이 꽃만큼 아름답게 입지 못하였느니라. 또 공중에 나는 까마귀를 보라. 심지도 아니하고 거두지도 아니하되, 오히려 하나님이 기르시거든 하물며 사람이야 꽃이나 새보다 얼마나 더 하나님 앞에서 귀한지 모른다."

24) 부비(浮費) : 무슨 일을 하는데 써서 없어지는 돈.

만일 사람이 하나님의 거룩한 뜻을 좇기만 하면 확실히 우리의 쓸 물건을 다 갖추어 주십니다.

32. 탕자의 비유

방탕한 아들이 아버지에게 돌아옴

예수에게 와서 그 가르치시는 말씀을 듣는 사람 중에 그 말씀의 뜻을 오해하여 하나님은 선한 사람만 사랑하여 주신다고 생각하는 사람도 있는 고로 그런 사람에게는 다음과 같은 말씀으로 가르치셨습니다.

어떤 사람이 두 아들을 두었는데, 하루는 둘째 아들이 그의 아버지에게 와서,

"나의 얻을 바 산업[25]을 지금 내게 나누어 주시오."

하였습니다. 그 아버지는 그가 원하는 대로 산업을 나누어 주었습니다. 그 후 며칠이 안 되어 둘째 아들은 자기가 얻은 산업을 다 모아가지고 먼 나라에 여행을 떠났습니다. 그리하여 그는 여러 가지 좋지 못한 일로 산업을 다 탕진하여 버렸습니다. 그는 돈이 한 푼도 없게 되었을 때에 그 나라에 흉년이 들어서 심히 곤란케 되었습니다. 돈이 있을 때에는 친구도 많더니 가난한 금일에 이르러서는 아무도 돌아보는 자가 없었습니다. 그는 하는 수 없이 다른 사람의 집에 가서 돼지를 치게 되었습니다. 먹을 것이 부족하여 아무리 굶주려 죽게 되었을지라도 아무도 먹을 것을 주는 자가 없으매 그는 할 수 없이 돼지가 먹는 팥 껍질로 충복[26]하고자 하였습니다.

이와 같이 자기가 자기 몸을 타락시켰으나 다시 생각하여 본즉,

25) 산업(産業) : 여기에서는 유산(遺産)을 뜻함.
26) 충복(充腹) : 배를 채움.

"아버지의 집에는 많은 품꾼이 있어 다 배불리 먹거늘 오직 나는 이같이 주려 죽겠구나! 차라리 집에 돌아가서 내 죄를 아버지께 사과하고 아버지에게 나를 품꾼의 하나로 써줍시오."

하고, 청원이나 하겠다고 결심하고 자기 부친의 집으로 향하여 돌아올 새, 점점 집에 가까이 올 때에 부친은 급히 달려 나와 그 아들을 안고 심히 기뻐하였습니다. 아들은 그의 죄를 자복하고,

"저는 아들의 자격이 없습니다."

고 하였습니다. 그러나 아버지는 곧 종을 불러 제일 좋은 옷을 갖다 입히고 또 살찐 송아지를 잡아 큰 잔치를 배설[27]하였습니다. 그의 아버지는 죽었던 아들이 다시 살아났으며 잃었던 아들을 다시 찾았다 하여 매우 즐거워하였습니다.

33. 소경 바디매오를 고치심

소경을 고치심

이는 예수께서 마지막으로 예루살렘을 향하여 올라가실 때의 일입니다. 여리고 성문 밖을 지나가시노라니 길가에 앉아서 구걸하는 바디매오라 하는 소경이 예수의 소문을 듣고, 또 예수는 불쌍하고 슬퍼하는 사람을 많이 사랑하시는 이신줄 알고 큰 소리로 부르는 말이,

"다윗의 자손 예수여! 나를 불쌍히 여기소서!"

하였습니다. 여러 사람들이 아무리 잠잠하라고 꾸짖었으나 그는 더욱 소리를 높여,

"나를 불쌍히 여기소서!"

하였습니다. 마침 예수께서 그곳에 가까이 이르러 서시고, 또 제자들이 그에게 달려가서 말하기를,

"안심하라. 그가 너를 부르신다."

27) 배설(排設) : 연회나 의식에 쓰이는 물건을 차려놓음.

하니, 그는 겉옷을 버리고 예수 앞으로 갔습니다. 예수가 그에게 물으시는 말씀이,

"네가 내게 무엇을 구하느뇨?"

하시니, 그 대답이,

"소경이 어찌 돈이나 음식을 구하오리까? 주여 나를 보게 하여 주소서."

예수가 그 대답하는 말을 들으시고 기뻐하셔서 웃으시며 말씀하시기를,

"네 믿음이 너를 낫게 하였다."

하시니, 즉시 눈이 떠진지라. 그 사람은 소리를 질러 기뻐하며 예루살렘까지 예수를 따라갔습니다.

34. 나사로를 살리심

나사로 무덤문에 돌을 옮겨놓음

마침 예수께서 예루살렘에 가까이 이르시니 베다니라 하는 촌으로부터 한 사자가 와서 예수를 오시라고 청하였습니다. 이는 그 곳에 있는 나사로라 하는 사람이 병이 들었으므로 예수께 고쳐주기를 청한 것이었습니다. 공교히[28] 사자가 왔을 때에 예수는 다른 곳에 가 계셔서 그 사자와 같이 못 가시게 되었습니다. 그러므로 예수가 베다니에 이르실 때는 나사로가 이미 죽어 장사까지 한 후였습니다. 예수가 오심을 보고 나사로의 누이들은 급히 따라와서 예수를 맞고 울며 말하기를,

"나사로는 죽었나이다."

하니, 그 말을 들으시고 예수도 우셨습니다. 예수는 다시 그 두 여자를 위로하시며,

"나사로가 살아나겠다."

28) 공교(工巧)히 : 생각지 않았거나 뜻하지 않게.

하셨습니다. 그리고 그가 묻힌 곳을 물었습니다. 무덤은 굴인데 옆으로 들어가게 되었고 무덤문은 돌로 막았었습니다. 예수가 그 돌을 옮겨 놓으라 하시니, 마르다의 말이,

"선생님! 나사로가 죽은 지 벌써 나흘이 되었은즉 냄새가 나겠습니다."
하였습니다. 그러나 예수께서 다시 명하시니 그 곁에 있던 무덤의 돌을 옮겨 놓았습니다. 이때 예수는 큰 소리로,

"나사로야! 일어나라!"
하시니, 죽었던 나사로가 베로 싸맨 채 일어나 나왔습니다. 예수는 사람들에게 명하여 나사로 몸에 감긴 베를 풀어 자유롭게 다니게 하라 하셨습니다. 이때에 나사로의 친척이야말로 얼마나 기뻐하였겠습니까? 그들은 이로부터 더욱 더욱 열심히 예수를 믿었습니다. 그러나 예수를 반대하는 자들은 더욱 더욱 예수를 미워하여,

"어떻게 예수를 죽일꼬?"
하고, 서로 의논하였습니다.

35. 예수께서 아이들을 축복하심

어머니들이 어린 아이들을 예수께 데려옴

하루는 전과 같이 예수께서 많은 사람들을 가르치실 때에 여인들이 아이들을 데리고 왔습니다. 그 여인들의 생각인즉 예수께서 아이들의 머리 위에 안수[29] 만 해주어도 선한 아이들이 될 줄로 믿었습니다. 제자들은 아이들의 모친을 불러 꾸짖어 보내라 하였으나 예수는 못하게 하셨습니다. 그리고,

"어린 아이들을 내게로 데려오라. 천국에 있는 자는 다 이와 같으니라. 사람이 참으로 어린 아이와 같이 되지 못하면 하나님 나라에 들어가지 못하리라."
고 하셨습니다.

29) 안수(按手) : 기도를 할 때 또는 기타 교회의 예식에서 주례자가 신자의 머리 위에 손을 얹는 일.

36. 예수가 젊은 부자와 담화하심

젊음 부자가 예수께 말씀 함

또 어떤 젊은 부자가 예수에게 나아와서,

"선생님 천국에 들어가려면 어떻게 하여야 좋겠습니까?"

물었습니다. 예수는 대답하시기를,

"네가 하나님의 십계명을 아느니 살인하지 말며 도적질하지 말며 거짓 증거하지 말라하셨다"

하시니, 그 젊은 사람은 말하기를,

"그것은 내가 어렸을 때부터 지켰나이다. 그 밖에 또 부족한 것이 있습니까?"

하고 물었습니다. 예수 말씀이,

"그러면 또 한 가지 부족한 것이 있으니 네 있는 것을 팔아 가난한 자를 주라. 그리하면 하늘에 보화가 있을 것이요, 또 와서 나를 좇으라."

하시니, 이 말을 들은 그 젊은 사람은 근심하는 얼굴로 돌아가고 말았습니다.

이 사람은 큰 부자인 고로 그 가진 것을 버리기를 애석히 여겼지요. 그러므로 예수는 제자들에게 이렇게 말씀하셨습니다.

"부자가 하나님 나라에 들어가는 것은 약대가 바늘구멍으로 나가는 것보다 어려우니라."

고요. 그래서 제자들이 이 말씀을 듣고 놀래어,

"선생님! 그러면 누가 구원을 얻겠습니까?"

하니, 예수 말씀하시기를,

"사람의 힘으로는 도저히 될 수 없으나 하나님은 능치 못하신 것이 없느니라."

하셨습니다.

37. 과부의 연보

과부가 자기 소유를 다 연보함

또 예수와 그 친구들이 크고 아름다운 성전 안에서 백성들이 제사장에게 예물을 갖다 주고 나올 때에 연보궤[30]에 돈 던지는 것을 보시고, 마침 여러 부자와 옷 잘 입은 사람들 중에 한 가난한 과부가 돈 두 푼 넣는 것을 보시니, 저의 가진 것을 있는 대로 다 드린 것이라. 예수가 제자들을 부르사 말씀하시기를,

"너희는 저 가난한 여인을 보느냐?"

하시고,

"다른 사람들은 부유한 중에서 쓰고 남은 돈을 바치거니와 저 여인은 가난한 중에서 저의 가진 것을 다 드렸나니 다른 사람들보다 더 많이 드렸느니라."

하셨습니다.

38. 예수 마지막으로 예루살렘에 가심

영광스럽게 예루살렘에 들어가심

예수께서 열두 살 되었을 때 처음으로 예루살렘 대제[31]에 가셨던 일은 전에 벌써 말하였습니다. 예수는 그 후에도 해마다 반드시 가셨습니다. 이 제사는 유월절이라 하는 제사인데, 옛적에 죽음의 사자가 세상에 왔을 때에 양의 피가 문지방에 발린 집만 남겨놓고 넘어간 일이 있어서 이때의 일을 기억케 하기 위하여 지키는 절기였습니다. 이 절기가 되자 예수가 예루살렘 가실 때가 또 왔습니다. 그리하여 예수

30) 연보궤(捐補櫃) : 예루살렘 성전 뜰 안에 있던 헌금함.

31) 대제(大祭) : 큰 제사.

가 예루살렘에 가까이 이르셨을 때에 제자를 보이는 촌으로 보내며 말씀하시기를,

"저기 가면 아직 사람이 타지 아니한 나귀 새끼가 나무에 매여 있으리니 그것을 풀어오라. 만일 사람이 무엇에 쓰느냐 묻거든 선생님이 쓰시겠다고 하라. 그리하면 아무 말 없이 보내리라."

하셨습니다.

제자들은 그 말씀대로 하였습니다. 그리하여 나귀새끼 위에 옷을 펴고 예수는 타시고 제자들은 따라서 예루살렘을 향하여 떠났습니다. 이때에 많은 사람이 예수를 따라 갔습니다. 그 중에 예수를 믿는 사람들은 나뭇가지를 베어서 길에 펴는 자도 있고 옷을 벗어 펴는 자도 있고 예수의 앞과 뒤로 따라오며 예수를 찬미하였습니다. 우리들이 요새 쓰는 말로 하면 '우리의 임금 예수 만세!' 하는 모양으로 예수를 왕이라고 불렀습니다. 아이들까지도 종려나무가지를 꺾어들고 '예수 만세!'를 불렀습니다. 실로 예수의 가시는 길은 인산인해를 이루었습니다. 어떤 사람은 모르고,

"그가 누구냐?"

고 하였으며, 또 어떤 사람은,

"나사렛 예수라."

고 하였습니다.

예수는 이렇게 많은 사람의 환영과 찬미 소리 가운데를 지나서 예루살렘까지 들어가셨습니다. 그럴지라도 점점 가까이 가서 예루살렘 성을 바라보시고 눈물을 흘리셨습니다. 어떤 까닭이냐 하면 몇 해를 지나지 못하여 이 도성이 대적의 손에 온전히 망할 것을 생각하신 까닭이올시다. 그러므로 이같이 말씀하셨습니다.

"슬프다. 예루살렘아! 슬프다. 예루살렘아! 나는 암탉이 병아리를 날개 아래 모으는 것 같이 너희 자녀를 모으려 하였으나 너희는 그것을 원치 아니하였도다!"

예수께서 성전 안에 들어가시니, 그의 마음이 상할 만한 일이 또한 많았습니다. 그것은 시골로부터 소와 양과 비둘기를 팔러온 자가 성전 안에서 가건물을 꾸미고 있는 것이었습니다. 또 돈을 바꾸는 자도 있었습니다. 예수는 말씀하시기를,

"성전은 기도하는 집이라고 성경에 쓰여 있거늘 너희들이 강도의 굴혈[32]을 삼는구나."

하고 책망하셨습니다. 그래서 노끈으로 채찍을 만들어 책상과 교의[33]를 둘러엎으시고 악한 사람과 양들을 성전 밖으로 몰아 내쫓으셨습니다. 그런데 제사장과 그 밖에 예수를 싫어하는 자들은 매우 노하여 '어떻게 예수를 죽일꼬?' 생각하였습니다. 그러나 한편으로는 예수를 믿는 사람이 더욱 더욱 많게 되므로 사방에서 소경과 절름발이 병신이 많이 모여들었습니다.

39. 세상의 빛

세상의 빛

예수는 백성들로 하여금 자기가 얼마나 저희들에게 복 주려하시는 것을 알게 하시기 위하여 때때로 당신의 몸을 우리가 보통 생활하는데 쓰는 포도나무나 떡이나 길 같은 것에 비하여 말씀하셨습니다. 이 까닭으로 한 번은 예수 말씀하시기를,

"나는 세상의 빛이니 나를 따르는 사람은 어두운데 행(行)치 아니하고 생명의 빛을 얻으리라" (요 8:12)

하셨습니다.

여기 있는 그림은 어떤 유명한 화가가 아주 아름답게 그려 영국 런던에 있는 성 바울 예배당에 걸어둔 것인데, 그 제목을 「세상의 빛」이라 하였습니다. 여러분이 보시는 바와 같이 예수께서 손에 등을 들고 두드리시는 문은 곧 이기심과 불신하는 마음과 잡초와 같이 함부로 자라게 내버려둔 사람의 마음을 보이심이외다. 이와 같이 예수는 각 죄인의 마음 문을 두드리시며 자기 구원의 빛을 그 속에 비추어 주시려고 애쓰십니다.

---

32) 굴혈(掘穴) : 구덩이.

33) 교의(交椅) : 의자.

40. 제자들의 발을 씻기심

제자들의 발을 씻기심

유대 풍속에는 유월절이 되면 집집마다 양을 잡아 먹었습니다. 그러므로 예수의 제자들은 예수께,

"유월절을 어디 가서 준비하라 하시나이까?"

하고 물었습니다. 예수는 제자들에게 말씀하시기를,

"너희가 저자에 가면 통에 물을 담아가지고 가는 사람을 만나리니, 그 사람의 뒤를 따라가 그 집으로 들어가려 할 때에 집 주인을 보고 우리 선생님이 그 제자와 함께 유월절을 네 집에서 지키겠다고 하라. 그리하면 주인이 방을 줄 터이니, 그 곳에서 준비하라."

고 하셨습니다. 그래서 제자들은 그 가르치신 곳으로 가본즉 과연 그 말씀과 같은지라, 그곳에다 유월절을 준비하여 놓고 다시 돌아왔습니다.

날이 저물매 예수께서 열두 제자와 같이 그 집에 모여 저녁을 잡수셨습니다. 그때 풍속에 식사 전에 발을 씻는 풍속이 있었는데 아무도 씻어주려 오지 아니 하니, 예수께서 일어나서 수건으로 허리를 동이시고 대야에 물을 담아 가지시고 돌아가며 제자의 발을 씻기셨습니다. 아마 그때 제자들은 면목이 없었겠지요. 이때 시몬 베드로는 예수께 말하기를,

"나의 발은 씻기지 못하시리다."

하니, 예수는,

"네가 만일 씻지 않으면 너와 나는 상관이 없다."

고 말씀하셨습니다. 베드로는 그 말씀을 듣고,

"그러면 나의 손과 얼굴도 씻겨주소서."

하였습니다. 예수 말씀하시기를,

"아니다. 발만 씻어도 족하니라. 나는 너의 선생이 되어 너희의 발을 씻겼으니, 너희는 나에게 배워서 비록 천한 일이라도 싫어하지 말고 서로 행하게 하라. 너희 중에 누구든지 높고자 하는 자는 남을 섬기는 자가 되리라."

하셨습니다.

41. 주의 성 만찬

주의 성 만찬

예수가 말씀을 마치시고 음식을 잡수시며,

"실로 너희 가운데 나를 원수의 손에 잡아줄 자가 있느니라."

하시니, 제자들은 서로 얼굴을 쳐다보며,

"누구냐…?"

하였습니다.

"지금 내가 먹을 것을 한 조각 찍어주는 사람이로다."

하시고, 예수께서 곧 그 음식을 가룟 시몬의 아들 유다라 하는 제자에게 주시니, 유다는 예수가 그의 마음 속에 계획한 것을 벌써 아신 줄로 알고 급히 그 방을 떠나갔습니다.

그로부터 예수는 떡을 가지시어 축사하시고 떼어 제자들을 주시며 말씀하시기를,

"받아먹으라. 이것이 내 몸이라."

하시고, 또 잔을 가지사 축사하시고 저희에게 주며 말씀하시기를,

"이것을 마셔라. 이것은 언약하는 나의 피니, 여러 사람의 죄사함을 위하여 흘림이니라. 그러나 내가 너희에게 이르노니, 이 세상에서 너희와 같이 마시는 것도 이번이 마지막이요, 이 다음에는 또 천국에서 마시겠다."

하셨습니다. 예수께서 이같이 말씀하시므로 제자들은 대단히 슬퍼하였습니다.

기도 많이 하시는 예수

42. 예수 제자들을 위하여 기도하심

이때에 예수가 제자들을 위로하는 말씀이,

"너희는 그리 슬퍼하지 마라. 내가 다시 너희를 위로하러 오겠노라."

하시고, 제자들이 시험에 들지 않게 하기 위하여 열심히 기도하셨습니다. 예수께서 이같이 기도하신 후에 평소에 제자들과 늘 함께 다니시던 겟세마네 동산으로 가셨습니다. 그곳에 가시는 길에서 예수께서는 제자들에게 이렇게 말씀하셨습니다.

"너희는 다 오늘밤에 내 몸에 당할 고난으로 인하여 나를 싫어하게 되리라."

베드로는,

"아니오! 선생님 모두 다 선생님을 버릴지라도 나는 반드시 버리지 아니하겠다."

고 하였습니다. 그럴지라도 예수는,

"아니다. 아니다. 오늘밤 닭이 두 번 울기 전에 세 번 나를 모른다 하리라."

말씀하신즉, 베드로는 더욱 굳세게 말하기를,

"아니오! 나는 죽을 지라도 선생님을 모른다고 아니하겠습니다."

하고 맹세하였습니다.

43. 포도나무 비유

예수가 십자가에 달리시기 전에 그 제자들과 더불어 오랫동안 포도나무 비유를 말씀하신 것은 우리 그리스도인들로 하여금 예수를 포도나무의 본 밑동으로 삼고 어떻게 우리 그리스도인들이 모두 그 가지가 되어 서로서로 연합하여 살아야 할 것을 알려주시려 하신 것인 줄로 압니다. 포도의 가지가 서로서로 본 밑동 줄기에 붙어 있을 때에만 생명이 있고 가치가 있음을 예수께서 가르치신 것은 그 가지들이 본줄기에서 힘을 얻어 사는 까닭입니다. 만약 포도나무 가지들이 본 밑동 줄기로부터 떨어지면 다 말라 죽을지니 불 땔 나무밖에 되지 못할 것입니다.

44. 겟세마네 동산에서 기도하심

겟세마네 동산에서 기도하심

예수가 겟세마네 동산에 이르러 제자들에게 말씀하시기를,

"내가 가서 기도하고 올 터이니 너희는 깨어있으라."

하셨습니다.

옛적 유대국 풍속에는 사람이 죄를 범하면 어린양을 죽여 그 죄를 속량하였습니다. 꼭 그와 마찬가지로 이제 죄가 없으신 예수께서 세상 사람의 죄를 속량하기 위하여 죽음을 당하게 되셨습니다. 세상 사람의 죄의 중량은 예수께서 견디시기 어려우리만치 무거웠습니다. 예수께서 기도하실 때에 몸에서 피와 땀이 흘렀습니다. 사람의 죄악을 위하여 예수께서 그처럼 번민하셨습니다.

예수는 기도하시기를,

"아! 아버지여, 만일 아버지 뜻에 합당하시거든 이 괴로움을 내게서 떠나게 하여 주옵소서. 그러나 나의 뜻대로 마옵시고 아버지의 뜻대로 하시옵소서."

하시고, 힘을 얻으셔서 제자들에게로 돌아와 보시니 제자들은 다 자고 있었습니다. 예수는 제자들을 깨우시며,

"너희는 잠시도 나와 같이 깨어있지 못하느냐? 시험에 들지 않도록 깨어 기도하라. 마음에는 원이로되 육신이 약하도다."

하시고, 또 가서 기도하시고 돌아와 제자들을 보시니, 제자들이 잠을 자는 것은 피곤한 까닭이었습니다. 세 번째 나아가 기도하시고 오셔서는 제자들에게,

"지금은 쉬라."

고 하셨습니다.

45. 예수의 잡히심

유대가 입맞춤으로 예수를 팜

그러자 얼마 아니 되어 나무 사이로 불빛이 보였습니다. 예수는 제자들을 일으키시며,

"지금 저기 나를 원수의 손에 판 자가 온다."

고 말씀하셨습니다. 이때 유다는 횃불과 칼을 가진 무리 앞에 서서 예수에게로 나왔습니다. 예수는 많은 사람의 앞으로 나아가시며,

"누구를 찾느냐?"

고 물으신 즉,

"나사렛 예수를 찾는다."

고 대답하였습니다. 예수가,

"내가 그로다."

고 하시니, 대적들은 조금 물러가서 땅에 엎드렸습니다. 이때 베드로가 칼을 빼어 한 사람의 귀를 베니 예수가 베드로에게 말씀하시길,

"칼을 칼집에 꽂으라."

하시고, 베어 떨어진 귀를 만지셔서 고쳐주었습니다.

이때에 악한 무리들은 드디어 예수를 결박지어 끌고 갔습니다. 그러자 제자들은 예수를 버리고 도망하였습니다. 때는 밤이므로 관청은 아직 개정하지 아니한지라 사람들은 예수를 끌고 제사장의 집으로 갔습니다. 베드로는 예수의 일을 근심하여 멀리 서서 그 뒤를 따라갔습니다. 그리하여 제사장 집에 이르러 종들과 같이 불을 쪼이고 있을 때에 한 계집종이 베드로의 곁으로 와서 그 얼굴을 쳐다보고,

"너는 나사렛 예수의 무리라."

고 한즉, 베드로는,

"아니다. 나는 그를 알지 못한다."

고 하였습니다. 그리고 나올 때에 곧 닭이 울었습니다.

46. 베드로가 주를 모른다 함

베드로가 주를 모른다 함

조금 있다가 앞에 어떤 종 하나가 베드로를 보고 곁에 있는 사람에게 말하기를,

"이 사람도 예수와 한 곳에 있던 자라."

하니, 베드로는 또,

"아니다. 예수라 하는 사람은 내가 알지 못하노라."

고 대답하였습니다. 그 후에 또 조금 있다가 그 곁에 있던 사람들이 베드로에게 말하기를,

"너는 확실히 예수와 같이 있던 것이 분명하니 너의 음성이 이를 증명한다."

한즉, 베드로는 또,

"아니다. 그런 일이 없노라. 나는 그 사람을 알지 못한다."

할 때에 닭이 두 번째 울었습니다. 이때에 베드로는, '네가 닭이 두 번 울기 전에 세 번 나를 모른다 하리라.' 하신 예수의 말씀을 기억하고 밖으로 나가 심히 통곡하였습니다.

47. 예수가 제사장과 빌라도 앞에서 심문 당하심

빌라도 앞에 서심

제사장들은 예수를 정죄하려고 증거를 잡으려 할 때에 두 사람이 거짓말로 예수를 송사[34]하였으나, 예수께서 아무 말씀도 아니하셨습니다. 이때에 제사장은 일어나 어찌하여 대답이 없느냐고 예수에게 힐문하였습니다.

그리고 제사장은 또 예수에게,

"네가 하나님의 아들이냐?"

34) 송사(訟事) : 법률상의 판결을 법원에 요구함.

고 물었습니다. 예수는 그 말이 옳다고 대답하였습니다. 그러자 제사장들과 그곳에 섰던 사람들은 대단히 분노하여 예수를 죽일 죄로 정하지 아니하면 아니 되겠다 하고 실로 혹독한 대우를 하였습니다. 또 그곳에서 일하는 자들까지 예수를 때리며 어떤 자는 침을 뱉으며 어떤 자는 비웃고 또 얼굴을 가리고 때리며 말하기를,

예수 아무 죄도 없음을 빌라도가 증거함

"네가 하나님의 아들이라 하니 지금 때린 자가 누구냐?"

이같이 당치 못한 무례한 행동을 하였습니다.

새벽이 되어 사람들이 예수를 앞문으로 끌고 나가서 방백[35] 빌라도 앞에 세우고 재판을 하였습니다. 제사장들은 여러 가지로 송사하였으나 예수는 아무 대답을 아니 하시니 빌라도는 이상히 여겼습니다. 그리하여 예수가 무슨 일을 하였느냐 스스로 말하라고 하였습니다.

예수는,

"내 나라는 이 세상 나라가 아니라. 그런 고로 내 종들은 다투지 않는다."

고 말씀하셨습니다. 그 말씀을 듣고 빌라도는 더욱 놀랐습니다. 예수는 또 말씀하시기를,

"나는 이를 위하여 이 세상에 왔노라."

하신즉, 빌라도는 송사하는 사람들을 향하여,

"나는 이 사람에 대하여 아무 죄도 찾을 수 없다. 그런즉 이를 놓아줌이 어떠하냐?"

한즉, 사람들은 큰 소리로,

"아니오! 예수를 십자가에 못 박게 하소서! 십자가에 못 박게 하소서!"

하였습니다.

35) 방백(方伯) : 일반적으로 지방 행정과 군사 업무를 통제하고 관할하는 등 경찰권, 사법권, 징세권 따위의 행정상 절대적 권력을 가진 관리를 말함. 현대 성경에서는 '총독'으로 번역함.

빌라도는 이 말을 듣고 심히 근심하였습니다. 빌라도는 사람들을 기쁘게 하려 하나 예수는 아무 죄가 없을 뿐 아니라, 그 아내로부터 사자가 와서 말하기를,

"그 옳은 사람에게 아무 상관도 하지 마소서. 내가 그 사람으로 인하여 애를 많이 썼나이다."

하였습니다. 그러나 사람들은 더욱 더욱 소리 지르기를,

"십자가에 못 박게 하소서!"

하니, 빌라도는 물에 손을 씻고 말하기를,

"저 사람의 피는 내게 관계가 없다"

한즉, 사람들은 큰 소리로,

"그의 피를 우리와 우리 자손에게 돌리게 하리이다!"

하였습니다. 군사들은 가시로 면류관을 만들어 예수에게 씌우고 홍포[36]를 입히고 손에 갈대를 들려 그 앞에서 절하며 여러 가지로 조롱하기를 다하매 십자가에 못 박으러 끌고 나갔습니다.

48. 예수의 못 박히심

예수의 못 박히심을 사람들이 목도함

예수와 함께 두 죄인도 십자가에 못 박을 새, 하나는 오른편에 있고 하나는 왼편에 있더라. 무슨 죄로 십자가에 못 박혔는지 그곳을 지나는 사람들에게 알게 하기 위하여 십자가 위에 죄명을 써 붙이는 법이 있었는데, 도적이면 도적이라 쓰지만 예수는 아무 죄의 관계가 없는 까닭에 빌라도는,

"유대인의 왕이라."

써서 붙였습니다. 예수를 송사하던 사람들은 이를 만족히 여기지 아니하였으나, 빌라도는 다른 말을

36) 홍포(紅布) : 붉은 옷감.

더 쓸 수 없다 하였습니다. 그곳을 지나가는 사람들과 또 그와 함께 십자가에 못 박힌 강도들까지 예수에게,

"너는 하나님의 아들이 아니냐? 십자가에서 내려오라."

하고 기롱[37]하였습니다. 그러나 예수께서는 어떤 일을 당하시든지 아무 말씀도 아니 하시고 잠잠히 참으셨습니다. 그뿐 아니라 당장 자기 손과 발에 못을 박는 군사들까지 위하여 기도하셨습니다.

"아버지여! 저들을 용서하여 주옵소서. 저희는 저들의 하는 일을 알지 못합니다."

하셨습니다. 예수께서는 십자가 아래에 자기 모친 마리아와 자기가 제일 사랑하시던 요한, 두 사람이 있는 것을 보시고 요한에게 말씀하시길,

"이가 네 어머니라."

하시니, 그때부터 요한은 예수의 모친을 그의 집에 모셨습니다.

49. 예수의 운명하심

때는 열두 시였습니다. 햇빛이 가장 강할 때인데 별안간 밤중 같이 캄캄해졌습니다. 십자가에 못 박힌 죄인 하나는 죄를 뉘우치고 예수에게 말하기를,

"청컨대 천국에 들어가실 때에 나를 생각하소서."

하고 원한 즉, 예수 말씀하시기를,

"너는 오늘 나와 함께 낙원에 있으리라."

하셨습니다. 어두움은 오후 세 시까지 계속하였습니다. 꼭 세 시에 예수는 기도를 마치시고 운명하셨습니다. 이때 예수의 십자가 곁에서 수직[38]하던 군사들도 말하기를,

"이 사람은 진실로 하나님의 아들이라."

하였습니다.

37) 기롱(譏弄) : 실없는 말로 놀림.

38) 수직(守直) : 건물이나 물건 등을 맡아 지킴.

50. 예수의 장례

예수의 시체를 무덤으로 운구함

이때에 일찍이 예수를 믿는 부자 한 사람이 그 근처에 무덤이 있었는데, 그 사람이 빌라도를 찾아보고 예수의 시체를 달라 하여 유대 사람의 전례대로 예수 시체에 향을 바르고 또 베로 싸서 그 무덤에 모시니, 이 무덤은 전에 말씀하신 나사로의 무덤과 같은 동굴인데, 무덤문은 돌로 굳게 막아 두었습니다. 시체는 튼튼한 무덤에 장사하였지마는 대적들은 안심을 못하고 수군수군 하였습니다. 그 연고는 예수가 살아계실 때에 말씀하시기를 '삼일 만에 다시 살아나시겠다' 고 하신 까닭입니다.

그런 고로 대적들은 빌라도에게 청원하여 무덤 문을 인봉[39]하고 군사로 하여금 수직케 한 후에 조금 안심하였습니다. 예수께서 못 박히시던 날은 금요일(金曜日)인데 그 이튿날은 유대인의 안식일인 고로 이날을 정숙히 지켰습니다. 그 이튿날, 즉 일요일은 이른 아침 채 밝기 전에 어떤 여인 신자들이 예수 시체에 향을 더 많이 바르려고 생각하여 무덤에 갔습니다. 무덤문은 큰 돌로 막은 까닭에 여인들은 가면서도 누가 그 돌을 옮겨줄까 하고 근심하여 갔습니다.

베드로와 요한이 무덤으로 달려감

51. 여인들이 무덤에 들어가 봄

그런데 가까이 가본즉 그 걱정하고 오던 무덤문의 돌은 벌써 치워놓았습니다. 그러므로 여인들이 무덤 안을 엿본즉 예수의 시체가 없

39) 인봉(印封) : 봉한 자리에 도장을 찍음. 여기에서는 무덤문을 열지 못하도록 큰 돌로 단단히 막았다는 의미로 사용.

는지라, 깜짝 놀라서 이 일을 제자들에게 말하려고 급히 돌아갔습니다. 베드로와 요한은 이 말을 듣고 무덤으로 달려가 속으로 들어가 본즉 시체 뉘였던 자리가 온전히 비었는데, 시체를 쌌던 베는 그대로 개켜[40] 있었습니다. 제자들과 여인들이 이상히 생각하면서 집으로 돌아올 때에 막달라 마리아는 홀로 그 곳에 머물러 있었습니다.

52. 마리아가 무덤에서 천사를 만남

천사가 여인들에게 예수가 부활하심을 말함

마리아는 무덤 밖에서 울며 구부려 무덤 속을 들여다보았습니다. 흰 옷을 입은 두 천사가 예수 시체 누워있던 곳에 앉았는데, 하나는 머리 편에 있고 또 하나는 발치에 있었습니다. 천사가 마리아에게,

"여인아! 어찌하여 우느냐?"

하니, 마리아는,

"사람들이 내 주를 가져다가 어느 곳에 두었는지 알지 못하나이다."

하고 대답하였습니다.

이 여인은 예수에게 심히 독한 병 고침을 받은 일이 있는 고로 예수의 은혜를 매우 깊이 감사히 여겨 무슨 일을 하든지 도저히 예수의 은혜를 갚을 수가 없다고 생각하였습니다. 이 여인은 다른 사람은 다 돌아갈지라도 홀로 무덤에 머물러 있다가 천사의 말을 듣고 몸을 돌이켜 예수가 서 계신 것을 보나 예수이신 줄을 알지 못하고 그 동산지기인 줄로 알고 말하기를,

"만일 당신이 예수의 시체를 어느 곳으로 가져갔으면 어디 있다고 가르쳐 주시오."

하였습니다.

40) 개켜 : 포개어 접혀.

53. 예수가 마리아와 말씀하심

그러자 즉시 자기의 이름을 부르는 소리가 들리는지라 돌이켜 보니 그 뒤에는 예수께서 서 계셨습니다. 이날 아침에 일찍이 지진이 있었을 때에 무덤 문이 열린 것이었습니다. 이때 지키던 군사들은 떨며 땅에 엎드려 크게 무서워하였습니다. 예수는 온전히 부활하셔서 처음으로 이 마리아에게 나타나셨습니다. 마리아는 어찌나 기쁜지 견딜 수가 없어서 예수의 발 아래 엎드려 오직,

"선생님!"

이라, 한 번 부를 뿐이었습니다. 이때 예수는 마리아에게 말씀하시기를,

"제자들에게 가서 이 말을 전하라." 고 하셨습니다.

54. 예수 승천하심

예수 승천하심

예수께서는 부활하신 후에 먼저 막달라 마리아에게 나타나시고, 그 다음 열두 제자와 오백 문도에게까지 나타나셨습니다. 예수께서 마지막으로 제자들의 머리 위에 손을 얹으시고 참 친절히 축복하신 후 조금 뒤에 몸이 땅에서부터 떠나서 차차 공중으로 높이 올라가셨습니다. 드디어 구름 속으로 들어가시고 보이지 아니하였습니다. 제자들은 하늘을 우러러보며 한번 경배하려고 생각할 때에 흰옷을 입은 두 사람이 나타나며 말하기를,

"너희들은 어찌하여 하늘을 우러러 보느냐? 예수는 다시 이 세상에 오실 터인데, 그것은 지금이 아니니라."

하였습니다. 그러므로 제자들은 예수의 명하신 대로 예루살렘으로 돌아가서 한 곳에 모여 열심히 항상 같이 기도하였습니다. 열흘 동안 그렇게 기도한 후에 오순절에 성신의 충만함을 받고 여러 곳으로 가서 사람들에게 예수의 이름을 가르쳤습니다. 그리하여 어떤 사람이든지 죄를 회개하고 예수를 믿는 자는 다 구원을 받았습니다.

예수사적그림

PICTURES AND STORIES OF JESUS

원문

예수사적그림

PICTURES AND STORIES OF JESUS

배위량 박사 著

1938

조선기독교서회

Published by the

CHRISTIAN LITERATURE SOCIETY OF KOREA

備考

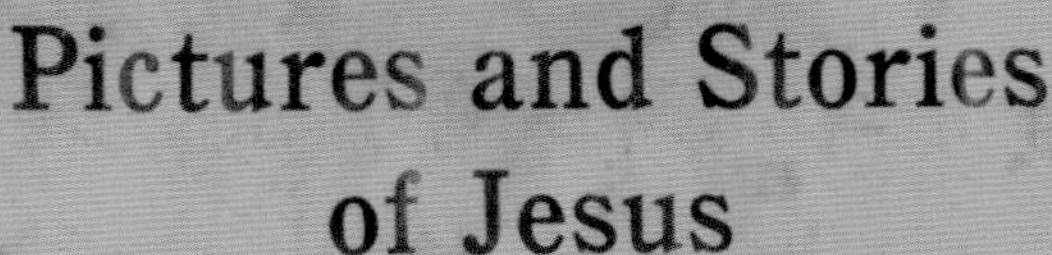

Pictures and Stories of Jesus

Third Edition

The stories being supplied by
W. M. BAIRD, D. D.

공업에종사하시는예수

PUBLISHED BY THE CHRISTIAN
LITERATURE SOCIETY OF KOREA
1938

Price 20 Sen

예수사적그림

배위량박사著

一、예수의부모

산을 넘고 바다를 건너저 멀고먼 옛적 유대나라에 나사렛이란 적은촌이 있었읍니다。그곳에는 목수 요셉과 그안해 마리아라하는 젊은부부가 자미있게 살았읍니다。이나라에는 집을 돌노 짓고 사는고로 목수라할지라도 집짓는 목수가 아니엿고 날마다 집안에서 문짝이나 무슨 적은 가구(家具)를 만드는 목수였읍니다。이 두내외는 본래브터 가난하엿슴으로 적은 집에서 살며 가가에 심부름군이나 부엌에 밥짓는 마누라도 없었읍니다。요셉은 열심으로 일을할때 마리아는 좁은부엌에서 힘을 다하야 음식을 만들었으며 또 날마다 동의를 가지고 동구(洞口)밖에까지 물을 길너 단녔읍니다。그런대 그 물깃는 니야기를 드르면 퍽 자미가 납니다。조선풍속과 갓치 동의에 물을 기러부은 후에는 그 물동의를 머리에 니고 몸과 머리를 똑바로하고 가만가만히 거러단닌다 합니다。우리나라에서와 같이 물을 길너 모힌 녀인들이 물을 기르면서 쓸대없는 니야기나 다른사람의

천사가마리아를찾음

흠담을 하는것과같이 그나라 녀인들도 물을길너 우물에 모히면 쓸대없는 여러가지 니야기를 만히 하였읍니다。 그러나 오직 마리아는 절대로 그런 낫분축에 석긴일이 없었읍니다。

二、천사의예고

마리아가 아직 처녀로 있을때 일이었읍니다。마리아가 요셉과 정혼은 임의 하엿스나 아직 혼례는 일우지안코 그친정에 있을때에 하로는 천사가 그 긔도하는중에 나타나 그에게 말

으로 잉태하야 아들을 나흐리니 그 일흠을 예수라 하라 저는 크게 되고 지극히 놉흔 하나님의 아들이라 닐카르리라』 하였읍니다。 마리아가 말하기를 『주의 계집종이오니 말슴대로 일우어지이다』 하니 천사는 그를 떠나갔읍니다。

三、요셉과 마리아가 벳을네헴으로 호적하러 감

한번은 유대전국을 통하야 사람들이 생각지도 아니한일이 생겼읍니다。 그것은 그나라 님군으로브터 호적령이 나려 누구든지 다 한번 자긔 본고향으로 도라가서 호적을 하게된일이외다。 그런대 요셉과 마리아의 고향은 벳을네헴이란 곳이었읍니다。 그래서 아모래도 한번 그곳에 도라가지아니하면 아니될 형편이었읍니다。 나사렛에서 벳을네헴까지 상거가 매우 멉니다。 또 그때는 지금과 같이 긔차나 마차는 물론 없었고 인력거도 없었으며 길은 울멍 줄멍한 산길이며 더욱 일긔가 추운 겨울이었음으로 려행하기가 매우 곤난하였읍니다。 만일 다리가 튼튼한이거나 혹은 돈이 만하서 라귀나 말갓흔 즘생을 타고가면 나사렛에서 벳을네헴까지 닷새동안이면 갈수있다합니다。

마리아와예수

예수사적그림 四

그런대 그때 마리아는 그리 건강치도 못하였고 요셉은 돈도 만치못하였읍니다 할수 업시 그들은 때때타기도하며 또 천천히거러서갓습니다。그리하야나사렛에서그들과한가지로떠난이들은 다 먼저 가고 요셉과마리아만 맨뒤에 떠러젓다가 간신이 벳을네헴까지 갔읍니다。그때에 그들은 매우 피곤하였읍니다。

신성한가족이마구간에잇슴

예수사적그림 五

목자가아기를찾어옴

예수사적그림 六

四、신성한 가족

그런중에도 그날은 일긔가 매우 추웠고 밤이 임의 깊었는대 려관마다 손님이 가득가득 차서 무러보는집마다 뷘방이 없다하니 그들의 어려운정형은 실노 말할 수 없었읍니다。 그러나 제일 마지막으로 무러본 려관에서 그 추운 밤중에 참아 그저 돌녀보내기를 미안히 생각하고 만일 마구ㅅ간에서라도 자기를 원하면 허물치말고 머믈너가기를 청하였읍니다。

그때 마구ㅅ간이라하는 곳은 큰바위의 구멍이었읍니다。 그뿐입니까 마구ㅅ간 천정에서는 물이 뚝뚝 떠러젔읍니다。 여러분! 생각해보십시오 이얼마나 심한일입니까? 그안에는 말과 구유가 있고 그밖에는 륙축이 둘너 있었읍니다。 그러나 잘곳이 업는 이 두내외는 그런곳에서나마 자고가라는것만 기버서 그날밤을 마구ㅅ간에서 잤읍니다。

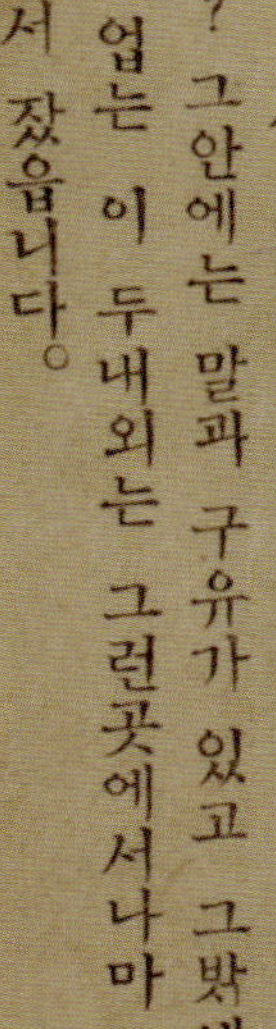
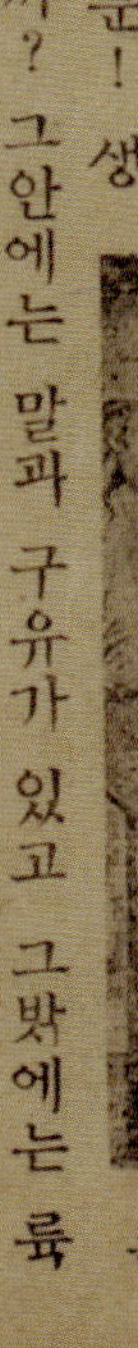

동방박사삼인이례물을가저옴

五、예수의 탄생하심

그런대 그날밤중에 이상한일이 생겼읍니다。 그치운 겨울날밤에 그들이 류하는 벧을네헴 어느객주집 마구ㅅ간에서 갓난아기의『으아』하는 소리가 났읍니다。 이 아해는 곳 하나님의 아들 예수그리스도였읍니다。 이때 마리아는 아기예수를 포닥이에 싸서 말구유에 누이고 보호하였읍니다。

六、천사가 목자들에게 나타남

이저녁에 벧을네헴 가까운 들에서 목자들이 양을 직히고 있었읍니다。 그양은 하나님께 제사할때 잡아 쓰는것인고로 매우 소중히 직히는것이었읍니다。 목자들은 양을 도적에게 잃던지 들즘생에게 잃을가하야 번갈아 밤을 새여가면서 직혔읍니다。 그런까닭으로 그 목자들은 성전에서 고용하는 사람들이었읍니다。 이밤에 목자들이 감々한밤에 서로 번차례로 양의 무리를 직히고 있더니 별안간 하날노서 광채가 나타나 사면에 두루 빗최며 두천사가 나타났읍니다。 목자들은 깜짝놀나서 떨고있을때에 천사는 낮은소리로『무서워 말나 크게 기뻐할 아름다온 소식을 가저왔으니 세상의 구주ㅣ 지금 벧을네헴 마구ㅅ간에서 탄생하셨다ㅡ

예수사적그림 八

하고 막 말을 맛치자 다른 천사들이 만히 나타나며 소리를 놉혀 노래하기를『하날우에서는 영광을 하나님께 돌니고 따에서는 기쁘함을 닙은사람들이 평안할지어다』

하엿음니다。

七、목자가 아기예수를 차자옴

이때에 목자들은

자ㅣ 우리 빨니 벳을네헴으로 가서 아기예수를 보자』

하고 급히 가서 마구ㅅ간 구유에 누인 아기와 그모친 마리아를 맛나보앗읍니다。

목자가 예수께 경배함

마구ㅅ간에서 난아기는 오직 그하나뿐이엇음으로 목자들은 즉시 그이인줄 알고 크게 기쁘하고 맛나는 사람마다 세상의 구주가 나신것을 광고하엿습니다。

예수사적그림 九

八、동방박사가 찾어옴

예수가 탄생하시자 예루살넴으로 브터 먼 동방、나라에서 사는 천문학자들이 아기예수를 찾어와서 경배하고 례물을 드렸읍니다。 이박사들은 천체(天體)의 일을

동방박사가별을좇아옴

낮낮이 조사하야 아해의 어머니가 그아들의 일홈을 잘 아는것처럼 별의 일홈을 낮낮이 잘 알았읍니다。 그런대 그들이 하로저녁에는 유대나라 편으로 브터 그때까지 보지못하던 광채가 찬란한 대단히 큰별하나를 보았읍니다。 박사들은 그별을 보고 곰々생각하다가 이는 분명히 사람들이 기다리는 매우 훌륭한 왕이 세상에 단생하신 표적이라 하고 의론하기를

「자ㅡ 빨리 찾어가서 경배하자ㅡ

하고 드듸여 세박사는 그별을 바라보고 길을 떠났읍니다。

그 박사들은 마치 서울 동물원(動物園)에 있는것과 같은 약대를 타고 오래오래 려행하야 간신이 예수살넴까지 왔읍니다。박사들이 예루살넴에 니르러 그성사람들을 보고 요사이 유대인의 왕으로 탄생하신이가 어듸게시뇨』

하고 무르니 모다 대답하기를

『아지 못하노라』

하면서 이상한 얼골노 박사들을 보았읍니다。그리자 이 소문이 곳 그나라 왕의 귀에 들렸읍니다。그때에 왕은 크게 걱정을 하였읍니다。웨 그러냐하면 만일 이러틋 훌륭한왕이 새로 나셨으면 자긔의 지위만 빼앗길뿐아니라 온나라와 밋 모든것을 다 빼앗길는지도 모르겠다하고 대단히 황망하야 급히 그 신하중에 제일 지혜있는 사람을 불너서 대체 세상사람이 기다리고있는 구주가 어느곳에서 나셨겠나뇨 하고 무러보았읍니다。신하는 말하기를

『그것은 책에 긔록한바를 보니 벳을네헴에서 나셨을터입니다』

하였읍니다。

그럼으로 유대왕은 박사들을 불러 일으는말이

『그대들은 가서 이번에 나신 왕을 찾어 경배하고 빨니 도라와서 나에게 고하

예수사적그림 一一

라 나도 가서 경배하겠다』 하였읍니다。 얼는 듯기에는 그왕의 말이 고맙게 들립니다。 그러나 그것은 말뿐이오 실상 그마음가온대는 크게 무서운꾀가 있었읍니다。 그것은 즉 예수의 계신곳을 알면 빨니 병정을 보내여 죽이랴는 생각이었읍니다。

박사들이 출발하야 빗난별의 인도하는대로 벳을네헴에 니르니 별이 아기있는 집우에 긋치는지라 박사들은 그집에 드러가 아기예수를 찾어 경배하고 자기나라에서 가지고온 황금과 유향과 몰약을 드렸읍니다。

그밤에 박사들은 꿈에 예루살넴으로 가지말나하는 무시를 받아 다른길노 자긔나라에 도라갔읍니다。

九、예수ㅣ애굽으로 피란하심

바로 그 같은때에 요셉도 한꿈을 꾸었읍니다。 그는 꿈에

『유대왕 헤롯이 아기를 죽이려하니 빨니 니러나 어린아기와 그모친을 다리고 애굽으로 피하라』

예수사적그림 一二

신성한가족이애급으로피란함

예수사적그림 一三

이때에 헤롯왕은 박사들이 도라오기를 기다려도 도라오지 아니하매 속은줄로 알고 크게 노하야 곳 병정을 보내여 벳을네헴가온대 있는 사나희를 두살브터 그 아래로 다 죽이라 명령하엿는대 그러케하면 예수도 그중에 세여 죽으리라 함이 였읍니다。그때 벳을네헴에는 두살 되지못한 사나희를 둔 어머니가 몃치나 있었는지 모르겠읍니다마는 그 어머니된이들이 이 잔인한명령을 드를때 얼마나 놀났겠으며 또 그들의 사랑하는 아해가 병정손에 죽을때에 그 마음이 엇더하였겠읍니까 그때 그정형을 생각하면 실노 몸에 소름이 돗고 떨니며 무엇이라고 말할수가 없읍니다。그러나 헤롯의 수고는 헛되고 말았읍니다。예수는 발서 벳을네헴을 떠나가신 까닭이올시다。

그후 얼마아니되여 이 악한왕은 죽엇는고로 요셉은 예수와 그 모친을 다리고 애굽을 떠났읍니다。그러나 벳을네헴에 드러가는것은 위태하다 생각하야 이전에 살던 나사렛촌으로 도라갔읍니다。요셉은 목수인고로 예수는 날마다 돕밥가온대서 놀으섰겠지오。그는 점々 자라시는대로 지혜도 점々 더하게 되였읍이다。

예수사적그림 一四

十、예수 十二세시에 예루살넴에서 유월절을 지내심

이나라 풍속에는 남자가 十二세가 되면 예루살넴에서 일년에 한번식 행하는 큰제사에 참석하는 풍속이 있는대 이 큰제사는 남자에게 대하야 그 보다 더 큰 즐거움이 없는것이였읍니다。 예수도 발서 그년령이 되고 그 큰제사의날은 점점 가까왔읍니다。 그도 다른 아해들과 같이 그날을 손곱아 기다리고 있섯겠지오。『열흘만 지내면 예루살넴에 간다』 또 몇일후에는 『엿새밤만 자면 간다 아! 이제는 다만 사흘밤이 남았고나! 아! 좋다 이제는 하로밤만 자면 된다』 하고 마지막날은 침상에서 잠을 일우지못하고 기뻐하였겠지오。

그리는중에 마침 그날이 되였읍니다。 요셉과 마리아는 예수를 다리고 아츰에 일즉이 출발하였읍니다。 때는 마침 봄이라 길 좌우편에는 아름다온꽃이 만발하였고 수풀사이에 적은새들은 봄을 기뻐하는듯이 지저귀니 예수는 피곤함도 닞고 기쁘게 길을 거러갔읍니다。

그들은 나사렛을 떠난지 나흘만에 겨우겨우 예루살넴성이 보였읍니다。놉흔

아기예수께서성전에계심

돌담과 번적번적 빗나는 성전의 흰 집웅이 보이니 예수는 크게 기뻐하였읍니다。 제사는 일헤동안 행하는 고로 그동안은 사람들이 거의 다 성전안에서 사는대 예수는 너무나 자미가 만하서 제사가 발서 끝나고 사람들이 다 자기집으로 도라갈 준비를 하는것도 아지못하였읍니다。

요셉과 마리아는 집으로 도라오는길에서 예수가 보이지아니하였으나 그리 걱정을 아니하였읍니다。 그 까닭은 그들의 친척들도 만히 왔섰음으로 예수가 그친척들을 따라 압서간줄노 생각한때문이었읍니다。 그러나 저녁이 되여 려관에 니르러 본

고 무러보는 사람마다 못보았다고 하니 『아! 큰일낫고나! 예수가 혼자 떠러저서 길을 잃었고나』 하고 량친은 대단히 근심하고 급히 예루살넴으로 올나가서 여긔저긔 찾어보았읍니다。

그들은 사흘만에 성전안에서 예수를 맛났읍니다。 예수가 성전안에서 무엇을 하고 있었느냐 하면 여러 선생들노 더브러 뭇기도 하시며 대답도 하시고 있었읍니다。 참 긔이하지안습니까? 겨우 열두살된 식골아해로서 저 고명한 선생들과 문답한일은 참 긔이한일이라 아니할수 없읍니다。 더욱이 이상한것은 그 여러 학자들이 예수의 말슴을 듯고 명심한것입니다。

요셉과 마리아는 예수를 보고 안심하는

예수께서목수일을배호심

동시에 그 문답하심을 보고 더욱 놀났읍니다。그 모친은 예수를 보고 『아해야! 엇지하야 이곳에 혼자 있나냐? 네 아바지와 내가 사흘동안이나 너를 어떠케 찾어단녓는지 알수업다』고 말할때에 예수 『엇지하야 나를 찾으섯나니까 내가 아버지집에 있어야 쓸줄을 아지못하엿나니까』하시고 그처럼 자미있게 생각하는 성전을 떠나사 그 량친과 한가지 나사렛으로 도라오섰읍니다。

므릇 이세상가온대 예수처럼 효심이 만흔이는 또 없을것입니다。밝에서는 아버지를 돕고 안에서는 어머니의 심부름을 잘하야 그량친을 지성으로 섬겼읍니다。

그리하야 누구든지 예수를 아는사람들은 칭송하며 또한 사랑치안는자ㅣ 없었읍니다。

十一、세례요한의 전도

예루살넴 동편에 요단강이라 하는강이 있어 사해(死海) 바다로 흘러 드러가는대 이 바다를 엇지하야 사해라고 일홈하였느냐 하면 그바다의물이 매우 농(濃)

닭이랍니다。 어느누구던지 이와같이 고기한마리도 업고 식물도 자라지못하는 지독한 황무지에 살기를 원치아니하야 그 토지는 자연히 적막하게 되엿읍니다。

그러나 이 황무지가 한때는 만흔 사람들에게 밟힌일이 있읍니다。 요한이라하는 큰 위인(偉人)이 그곳에 살때에는 만흔 사람들이 요한의설교를 드르러왔었읍니다。 요한은 뵈로 만든 의복이 아니오 약대의 가족을 몸에 둘넜으며 가족띄로 허리를 묶어 실로 이상한태도로 있었읍니다。 그의 음식은 쌀이나 보리가 아니오 들에 있는 메뚝이와 석청이였읍니다。

그러나 그의 의복이나 식물보다도 더 긔이한것은 그의 설교이었읍니다。 그는 참으로 다른사람이 말하지못하는것을 말하였읍니다。 이제 곳 하나님의 아들이 오실터이니 각々 준비하고 기다리라고 웨쳣읍니다。 그말에 기다리라함은 긔(旗)를 세운다던지 송문(松門)을 만든다던지 또는 길 좌우편에 갈나서서 영접하라함이 아니오 사람마다 마음을 깨끗이하고 지금까지 악한일 하던것을 바리고 옳

세례요한이전도함

예수사적그림 一九

은일을 행함으로 하나님의 아들이 오실 때에 반가히 영접케하라 함이였읍니다。례를 들면 군사는 백성을 학대치말고 세리는 정한세밧에 더 받지말며 부자는 간난한사람을 구제하며 무론 누구에게나 친절히 교제하고 무릇 선한일을 힘써 행하라 함이올시다。

요한은 자긔의 설교를 듣고 회개하는 사람에게는 죄씻는 표로 요단강에서 세례를 베플었읍니다。그런고로 이요한을 세례요한이라 합니다。

十二、예수ㅣ 요한에게 세례받으심

하로는 예수도 다른사람들과 같이 요한에게 세례를 받으러 나오셨읍니다。요한은 예수가 아직 한번도 악한일 하신것이 없으심을 아는고로 세례받을것이 없다고 사양하며 말하기를 『내가 그대에게 세례를 받을터인대 그대가 내게로 오시나이까』하니 예수 말슴하시기를 『이제 허락하라 우리가 이와같이 모든의를 행하는것이 합당하니라』하시매 요한이 허락하야 예수ㅣ 세례를 받으시고 물에서 올나오실때에 성신이 비닭이 모양으로 그머리우에 림하시고 하날로서 소리가 있어

『이는 내마음에 합당한 내 사랑하는 아들이라』하셨읍니다。

그후에 예수는 혼자 들노 가사 四十일을 금식하신후 주리시는동안에 곡 세번 악한마귀의 시험을 받으셧읍니다。 예수는 언제든지 하나님의 말슴으로 악한 마귀를 이긔셧음으로 그의 악을 이긔는힘은 점々 강하게 되엿읍니다。

十二、예수ㅣ 처음으로 니고데모에게 말슴하심

그후 예수께서 예루살넴에 올나가셨을때에 예수를 맛나서 그설교를 듣고저하는사람이 퍽 많았읍니다。 그런대 그중에 유대인의 관원 니고데모라하는 사람이 잇었읍니다。 이사람은 겁이만흔 사람이었음으로 『무엇이야! 선생과 관원의 신분으로서 저 싀골 나사렛에 일개목수 아들을 보러 가다니』 하고 자기를 비웃고 욕하는 모든사람들의 눈을 피하기 위하야 밤에 가만히 예수를 찾어가 보았읍니다。 예수는 니고데모를 보시고 『사람이 거듭나지 아니하면 하나님나라에 들어가지 못한다』고 말슴하셧읍니다。 니고데모는

니고데모가밤에예수께옴

예수사적그림 二一

이말슴을 듣고 놀났읍니다。『엇더케하면 사람이 거듭날수가 있슬가』하고 그는 생각을 하엿읍니다。

그러나 예수께서 간절한 말슴으로써 사람이 거듭난다 하는말은 사람의 마음이 새롭게되는것을 가르친말이니 지금까지 나의 마음대로 하려하는 악한마음을 바리고 하나님께로 브터 온유하고 겸손한 마음을 받는다는 말슴과 또 하나님께서 세상사람을 사랑하사 그죄를 속량하시며 또 그 죄악가온대서 건저내시랴고 독생자 예수를 보내신것과 또 누구든지 그아들을 믿으면 새로온 조흔마음을 받아 구원얻을수 잇는것을 자세히 가르처주셨읍니다。

十四、사마리아녀인에게 전도하심

그후에 예수께서 예루살넴을 떠나사 나사렛으로 도라가실때에 제자들과 한가지로 사마리아지경을 지나시게 되엿읍니다。점심때가 되니 제자들은 먹을것을 사러 성안으로 드러가고 예수는 매우 피곤하사 사마리아 우물겯에 앉으셨읍니다。이때에 마침 성안으로부터 녀인하나이 우물에 물을 길너 나왔읍니다。

예수는 그녀인에게 물을 좀 달나고 하셨읍니다。녀인은 예수의 얼골을 보고 유대사람인줄 알고 놀났읍니다。이는 유대사람이 사마리아사람을 낮게보고 결코

예수사적그림 二三

말하지아니하는 까닭이없읍니다。 그녀인은 더군다나 예수의 하신말씀을 듣고 놀났읍니다。 즉『내가 네게 주는물은 한번만 마시면 영원이 목마르지 하니하리라』하신말슴과 또 예수께서 저의 그때까지 행한 여러가지 악한일을 낫々이 아시고 말슴하심이였읍니다。 그리면서도 그녀인이 하나님께 대하야 무러볼때는 아조 간곡히 설명해주셨읍니다。 녀인이 예수께 하나님을 경배할곳이 예루살넴성전이 아니면 아니되는지 또 그곳 산우에서 하여도 무방한지를 무러볼때에 예수ㅣ 대답하시기를『하나님께 경배하는곳은 성전도 아니오 산우도 아니다 참으로 신에게 경배하는것은 그처소가 상관이 업고 오직 사람마음에 달녓다』고 하셨읍니다。

이때에 그녀인의 마음속에는 예수가 하나님의 아들이라하는 믿음이 니러났읍니다。 꼭 그때에 제자들이 저자로브터 도라와서 선생님이 사마리아녀인으로 더부러 말슴하심을 보고 놀났읍니다。 녀인은 물동의와 모든것을 바리고 급히 성안으로 드러가서 사람들을 만히 예수께로 다리고 나왔읍니다。 그래서 그중에는 예수의 가르침을 듣고 신자가 만히 났읍니다。 여러사람들이 더 묵어가시기를 청하니 예수ㅣ 이틀동안을 더 류하시며 천국복음을 백성들에게 가르처 주셨읍니다。

그리하야 예수를 사모하고 또 그 가르치심을 듣고저하는 사람들이 사방에 구름같이 모혀들었읍니다。 그리하야 신자가 만히 낫습니다。 그러치마는 나사렛사람들은 예수를 랭대하야 그가 처음으로 회당에서 가르치실때에

『아하! 목수요셉의 아들이 어떠케 저러틋 훌륭한 흉내를 내는가』

하고 비웃는자가 많았읍니다。 또 어떤자들은 대단히 노하야 무법하게 예수를 끌고 산우 랑떠러지로 올나가서 떠러트려 죽이랴한일도 잇섰읍니다。 그럴지라도 예수는 피하야 가버나움으로 가셨읍니다。

十五、 나인성 과부의 죽은아들을 살니심

예수께서 이와같이 갈닐니 여러촌으로 려행하실때에 한번은 나인이란 성문압헤 가까히 니르시자 마침 성안으로브터 나오는 한 상여를 맛나시니 만흔무리가 슬허하며 상여뒤를 따라옴은 그성안에 사는 한 과부의 외아들이 죽었음으로 외아들을 잃은 그 과부와 성안에 그 리웃사람들이 다가치 슬허하는 연고이었읍니다。

이때에 예수께서 거름을 멈추고 서서 그어미 과부의 슬허함을 보시고 불상히 녁이사 상여곁에 가까히 니르러 그 과부다려 말슴하시기를 『울지말나』 하시고

과부의아들이부생함

또 상여를 손으로 어로만지시며 큰소래로 『소년아 니러나라』하시니 죽엇던 소년이 즉시 상여로 부터 니러났읍니다。이같이 예수는 그 죽엇던 소년을 다시 살니사 저의 사랑하는 어머니품에 안겨주었읍니다。

十六、가버나움 바다가에서 전도하심

예수께서 가버나움에 와 계실때 일입니다。가버나움이란 곳은 갈닐니바다 언덕에 있는 어촌(漁村)인대 이촌에 사는 어부중에는 세례요한으로 부터 예수의 일을 듯고 발서브터 제자된자도 있섰읍니다。하로는 예수께서 바다가에 앉어계실때에 만흔 사람들이 예수뒤를 따라와서

『청컨대 선생님이여 하나님의 거륵하신 말슴을 들려주소서』하고 간청하였읍니다。그럼으로 예수는 베드로라하는 어부의 배를 타시고 배를 언덕에서 조곰 떠나게 하섰읍니다。그리하야 예수는 배우에서 설교하시고 사람들은 언덕에서 드럿습니다。이배주인 베드로는 발서 예수의제자 된 사람중 하나이라 그런고로 예수 설교를 맛치시고 언덕에 나리사 베드로다려 그믈을 나리라고 말슴하섰읍니다。

十七、고기잡는 이적을 행하심

베드로는 예수께서 그믈 나려치라 하실때에

『선생님 아니올시다。쓸대없는일입니다。지난밤새도록 그믈을 나렷스나 고기

는 한마리도 못잡았읍니다。 그러나 선생님이 말슴하시니 나리겟나이다」 하고 곳 그믈을 나렸읍니다。 그런대 고기가 어찌나 만히 잡혓던지 무거워 끌어 올닐수만 없을뿐 아니라 그믈이 다 찌어지게 되엿읍니다。 그래서 베드로는 다른배에 잇는 동모를 불너서 그믈을 겨우 끌어 올녀 본즉 고기가 두배에

고기잡는이적을행하심

예수사적그림 二七

가득차서 배가 물에 거의 잠기게 되였읍니다。과연 이를 본 사람들은 다 놀내였읍니다。베드로는 예수가 확실히 하나님의 아들이심을 알고 크게 놀내여 예수앞에 업대여

『청건대 나를 떠나소서 나는 죄인이로소이다』하였읍니다。

예수는 인자하신 말슴으로

『그러케 두려워하지말나 너는 지금브터 고기를 낙는 대신에 사람을 낙는 어부가 되리라』하셨읍니다。그리하야 베드로와 그형제 안드레와 또 다른배에 야고보와 그형제 요한은 이때부터 각기 배를 바리고 예수를 좇았읍니다。

十八、회당에서 사귀들닌 사람을 곳치심

다음 안식일에 예수께서 회당에 드러가 설교하실때에 듯는자마다 그말에 놀나지아닌자ㅣ 없셨읍니다。웨 그러냐 하면 그의말슴이 다 확실히 리치에 적합하야 듣는사람의 마음을 감동케한 연고이였읍니다。예수ㅣ 설교하시는중에 마침 악한 사귀 들닌자가 와서 큰소래로

『당신이 나를 멸망식히러 왔나니까? 나는 당신을 아노니 당신은 하나님의 아들이십니다』하고 불넜읍니다。예수께서 그사귀를 꾸짖어 그사람에게서 나오

예수사적그림 二八

예수께서사귀들닌자를곳치심

라 하시니 그 사귀는 한번 큰소래를 지르고 그사람으로 브터 나왔읍니다。 그 사람은 이때브터 완인이 되엿습니다。 이를 본 사람들은 예수께 대하야 더욱 놀났읍니다。

十九、베드로 장모의 열병을 곳치심

모힘이 끗나자 예수는 베드로의 집으로 드러가셨읍니다。 이집에도 병인이 잇셨읍니다。 이는 베드로의 장모이었는대 열병

예수사적그림 二九

으로 매우 중하게 앓아 누엇섰읍니다。 베드로의 장모는 예수가 그곁에 가서 다만 손을잡아 니르키실때에 열병이 홀연히 물너가고 완인이 되여 평시와같이 무슨일이든지 할수있게 되였읍니다。 그래서 이소문은 갑작이 사방에 퍼졌읍니다。

二十、문동병을 곳치심

유대 나라에는 문동병이 만습니다。 예수께서 문동병을 즐겨 곳치시니 그 소문이 널니 퍼진지라 병자들이 듣고 때때로 예수를 찾어와서 그앞에서 부르짖기를 『부정하다』 하였읍니다。 이말은 다른 성한사람들노 하여곰 가까히 오지못하도록 하는말이였읍니다。 하로는 문동

예수께서문동병자를곳치심

병자가 예수께 나아와서 하는말이 『주여 만일 하고저하시면 나를 깨끗하게 하시리이다』 하니 예수ㅣ 민망히 녁이사 손을 그병인에게 안찰하신즉 문둥병은 즉시 나았읍니다。

二十一、저녁때에 각색병자를 곳치심

그리자 저녁때가 되니 각처로 브터 병인들이 모혀와서 예수의 계신앞에는 병자들이 산같이 둘너 있었읍니다。그중에는 어린아해 병자도 있고 저는자도 있고 소경도 있으며 또 악한사귀에게 잡힌자도 있었읍니다。예수는 그 만흔병자들을 다 낫게하여 돌녀보내셨읍니다。

이튿날 아츰에 예수는 일즉이 니러나사 한적한 곳으로 긔도하러 가셨읍니다。그러나 제자들은 그뒤를 따라와서 만흔사람들이 선생님을 찾는다고 말하였읍니다。그래서 예수는 제자들을 다리시고 그 가까온고을에서 혹 가르치고 혹 병인을 곳처주셨읍니다。

二十二、씨뿌리는 비유

예수께서 자조자조 비유를 베플어 하나님의도를 가르치셨읍니다。그 여러가지

비유중에서 이제 씨뿌리는 비유를 말슴하려 합니다。

『어떤사람이 밭에 씨를 뿌리러 나가 뿌릴새 어떤씨는 길가에 떠러저 새가 와서 주어먹습니다。또 어떤씨는 돌짝밭에 떠러진고로 싹이 나오나 흙이 얇아서 뿌리가 박히지 못하고 말나죽습니다。또 어떤씨는 가시덤불에 떠러지매 가시가덥혀 잘 자라지 못하야 열매를 맺지못합니다。그러나 옥토에 떠러진 씨는 점々잘 자라서 드대여 三十배나 六十배나 혹 백배의 열매를 맺습니다』

씨뿌리는것

예수사적그림 三二

제자들은 이 비유의말슴을 듣고도 그뜻을 깨닷지 못하였읍니다。그런고로 예수는 또 그뜻을 가르처 주었읍니다。

몬저 그씨를 뿌린사람은 예수 자긔를 비유한것이오 종자는 거룩한 하나님의말슴이오 따는 사람의 마음이외다。 같은 하나님의 거룩한말슴을 드러도 어떤 사람의 마음은 쏙 길녚과 같아서 여러가지 생각이 드러와 섞여서 하나님의 거룩한 말슴을 못처럼 드른것을 곳 닛어바립니다。 이것은 꼭 공중에 나는새에게 먹혀바림과 같습니다。

또 어떤사람의 마음은 돌짝밭과 같아서 듣는 그자리에서는 기뻐 믿으나 그러나 밋음의 뿌리가 없어 조고마한 핍박이 있어도 곧 하나님을 떠나바립니다。 또 어떤사람의 마음은 가서덤불이 번성함과 같이 세상일만 생가하야 하나님의 일을 생각지 안는고로 믿음이 쇠하야 바립니다。 그러나 하나님의 거룩한 말슴을 듣고 행하야 어려움을 참아가며 하나님을 잘 섬기는사람은 꼭 옥토와 같읍니다。 이런 사람의 선한행실을 보고 만흔사람이 하나님앞으로 도라오게 됩니다。

二十三、바다를 잔잔케 하심

예수께서 이날저녁에 이 말슴밖에도 만흔설교를 하시고 제자들을 다리시고 호

예수께서 바다를 잔잔케 하심

수 저편으로 건너가시랴고 하사 배에 올났읍니다。 그런대 해안을 막 떠나자 갑작이 바람이 니러나 바다는 매우 흉흉하였읍니다。 마는 예수는 피곤하심으로 날이 맛도록 배안에서 줌으셨읍니다。 제자들은 크게 두려워하여 예수께 와서

『선생님 큰일이 났읍니다。 우리의 생명이 위태하게 되였읍니다』하고 맛침내 예수를 깨왔읍니다。 예수가 니러나사 바람과 바다를 꾸짖어 『잔々하라』하시니 바람이 긋치고 물이 잔잔하야 조흔일긔가 되였읍니다。

그리고 예수는 제자에게 향하사 말슴하시기를

『너희들은 어찌하야 그러케 무서워

하나냐? 너희믿음이 어대있나냐』하셨읍니다。제자들은 이말슴을 듣고 매우 무서워하였읍니다。그리하야 서로서로 말하였읍니다。

『아! 이 어떤사람이관대 바람과 바다도 순종하는고!』라고。

二十四、야이로의 딸을 살니심

삼일후에 예수께서 해안에서 설교하실때에 회당의어룬 야이로라하는 사람이 와서 예수 발아래 업대여 꼭 자긔집에 오시기를 원하였읍니다。

『나의 딸이 몹시앓아 거의 죽게되엿사오니 청컨대 오사 거룩한 손으로 한번만 안찰하야주소서 그리하시면 저의 딸이 곳 낫겠읍니다』하였읍니다。예수는 그의 원하는대로 허락하시고 그사람과 가치 가실때에 만흔사람이 그뒤를 따랐읍니다。

회당어룬의집으로 브터 종이 와서

『당신의 딸이 그만 죽었으니 이제 선생님을 괴롭게하여도 쓸대 없나이다』하고 말하였읍니다。예수께서 그종의 하는말을 드르시고

『두려워 말고 오직 믿으라』말슴하시고 일행(一行)과 함께 그집에 니르렀읍니다。그때 집사람들은 울고 슬퍼하야 크게 혼잡하였읍니다。그러하야 저들에게 우지말나 딸이 죽지않고 잔다고하셨읍니다。그러나 온전히 죽었음으로 얼는 울

예수사적그림 三五

예수께서아이로의딸을살니심

음이 긋처지지 안었읍니다。 예수는 그딸의 시체둔 곳으로 드러가사 꼭 아해의 어머니가 잠자는 아해를 니르킴과 같이 쉽게 니르키사 그부모에게 주었읍니다。 그의 딸은 온전히 살아났읍니다。 딸의 량친은 뜻밧의 일을 당하고 어쩔줄을 모르고 있었읍니다。 예수는 그량친의게 향하사 딸이 살아나 발

서 강건하게 되였으니 무슨 먹을것을 주라 하셨읍니다。 그의딸이 예수에게 다시 살님을 받을때에 나히 열두살이엿읍니다。

二十五、 열두해 혈루증있는 녀인을 곳치심

이상 야이로의 집으로 가시는 길에서 만흔 사람들이 따르는 중에 열두해 혈루증으로 고생하는녀인 하나이 있었읍니다。 이녀인은 자긔의 병을 곳치고저하야 만흔 의사에게 진찰도 받고 약도 만히쓰고 온갓 좋다는것은 다 해보았으나 재산만 탕진할뿐이오 조곰도 낫지안코 병은 오히려 더할뿐이더니 일즉이 예수의 소문을 듣고 어떠케던지 예수의 닙으신 옷가만 만저도 반드시 병이 나으리라고 믿고 가만히 만흔무리가온대로 드러가서 예수의뒤에 서서 옷단을 만졌읍니다。 예수께서는 곳 이를 아시고 『지금 나의옷을 만진자가 누구냐』 하시고 무러보았읍니다。 제자들은 그말슴을 듣고

『아하! 선생님! 선생님 뒤에서 무리들이 옹위하야 미나니다』 하였읍니다。 그러나 예수는 오히려 뒤를 도라보시며 자긔를 만진자를 찾았읍니다。 그래서 그녀인은 벌々떨며 예수앞에 나아와서

『여차여차한 까닭으로 내가 당신의 옷가를 만젓나이다』 하고 바른대로 말했읍

예수사적그림 三七

니다。예수는 그녀인 다려 『근심마라 네 믿음이 네병을 낫게 하였다。가라 이제 후로는 더병에 걸니지 아니하리라』고 말슴하셨읍니다。

병든녀자가예수의옷가를만짐

예수사적그림 三八

二十六、열두제자를 내여보내심

예수의 가르치심을 듣고저하는사람과 병을 곳치려하는사람이 너무도 많이와서 복잡한고로 예수는 미리 택하여두신 열두제자를 두사람식 짝지어 여긔 저긔 보내사 백성들의게 하나님의 말슴을 전하게하였읍니다。이 제자들은 또 병곳치는 능력도 받았읍니다。제자들은 크게 기뻐하며 나가서 여러고을노 다니며 각각 일하고 다시 예수께로 도라왔읍니다。예수는 제자들이 곤할줄 아시고 친절히 제자들에게 한적한곳으로 가서 좀 쉬라고 하셨읍니다。

그런고로 한가지로 배를 타시고 호수 저편 한적한곳으로 가셨읍니다。그런대 만흔사람들은 이를 보고 엇던사람은 예수의 가실곳을 아는고로 배가 호수를 건너가는사이에 해안을 돌아 륙지로 건너편에 예수보다 몬저 가서 기다리고 있었읍니다。예수가 모처럼 제자들과 가치 쉬라고 생각하고 가셨을때에 사람들이 몬저와서 기다리고 있었으니 매우 민망하셧겠지오

그럴지라도 예수는 그들을 슳여하시지 아니하시고 도로혀 불상히 보시기를 목자없는 양과 같이 생각하사 하나님의일에 대하야 여러가지로 가르처주셨읍니다。

二十七、오천명을 먹이심

예수는 날이 맛도록 말슴하시고 발서 해가 곳 지게된고로 제자들은 예수에게

『선생님 이처럼 날이 늦었는대 이사람들은 식물을 아모것도 가지지아니한 모양이오니 저편마을노 가서 각각 무엇을 사먹게 하소서』하였읍니다。그런즉 예수는『무엇? 너희가 먹을것을 주라』고 말슴하셨읍니다。제자들은 깜작 놀나서『선생님 어떠케 그러케 할수가 잇겠읍니까 무엇으로 이만흔 사람을 먹일수 있사오리까』하였읍니다。

예수는『너희 가지고 있는것이 무엇이냐?』고 무렀읍니다。 제자중에 안드레가 대답하기를『이곳에는 소년의 가진 떡 다섯덩이와 물고기 두마리뿐입니다』하였읍니다。

예수는 제자다려『그것이면 넉々하니 사람을 백명 혹 오십명식 떼를지어 풀우에 안치라』하셨읍니다。그때 그곳에 모힌사람의 총수는 녀인과 아해들을 빼놓고 五천명이나 되였읍니다。다렬을 지어 안친후에 예수는 그떡 다섯덩이와 물고기 두마리를 가지시고 몬저 하나님께 축사하신후에 난호아 제자들에게 주

오천명을먹이심

예수사적그림 四〇

시니 제자들은 그떡과 그고기를 사람들에게 각각 난호아 주었읍니다。 떡과 고기를 암만떼여도 줄어들지 아니하니 그처럼 만흔사람이 배불니 먹고도 부스럭이가 넉々히 남았었읍니다。 그래서 떡부스럭이를 주으니 열두광주리에 찼읍니다。

이때에 그 만흔사람들은 다 크게 놀내여 예수는 확실히 그들이 바라고 오래 기다리던왕과 틀님이 없은즉 반듯이 그를 왕으로 세우지안으면 아니되겟다고 하였읍니다。 그럴지라도 예수는 산우 한적한곳으로 피하여 가셨읍니다。 차차 날은저물었읍니다。 그러나 예수는 나려오시지 아니하시는고로 제자들이 가버나움편으로 배를 저어 나아갔읍니다。

二十八、 예수께서 바다우흐로 거러오심

그런대 또 폭풍이 시작하야 바람이 점점 심하고 파도가 흉흉하야 배는 오도가도 못하였읍니다。 예수ㅣ산에서 이 어려운모양을 보시고 빨니나려오사 바다우흐로 거러 제자들에게 나아오시게 되였읍니다。

제자들은 예수께서 바다우흐로 거러오심을 보고 요물인가 생각하야 크게 무서워하였읍니다。 예수는 제자들의 생각을 아시고 말슴하시기를 『내다 내니 무서워말나』 하셨읍니다。

예수사적그림 四一

예수께서바다에서베드로를구하심

이때에 베드로는 말하기를 『선생님! 만일 참으로 선생님이시면 나도 물우흐로 거러오라하소서』 예수 말슴하시기를 『오라』 하시니 베드로는 배에서 뛰여나려 예수를 향하고 가다가 바람이 맹렬함을 보고 겁이 나서 빠지게 되였읍니다。 베드로는 힘을 다하야 『선생님! 구원하여 주소서……』 부르짖였읍니다。 예수는 곳 손을 내밀어 베드로를 붓잡으시며 『엇지하야 두려워

하나냐? 너는 아직 나를믿음이 부족하고나」하였읍니다。

예수께서 베드로를 붓드시고 배에 오르실때에 바람은 아조 긋쳤읍니다。 배가온대 있던 다른여러제자들은 다 예수앞에 업대여절하며 말하기를『선생님은 참으로 하나님의 아들이로소이다』하였읍니다。

선한목자가잃었던양을찾음

二十九、양과 목자의 비유

예수가 사시던 나라에는 양이 많았읍니다。 그런고로 예수는 그때 사람들이

예수사적그림 四三

알아듯기쉬운 양과 목자의 비유를 종々 만히 하셨읍니다。 어떤목자는 양의 무리를 잘 도라보아 엇던때는 도적에게나 들즘생에게 일는일도 없지아니한고로 그런 념려가 없게 주의합니다。 마는 품군이 되여 주인의양을 도라보는 목자는 진실히 보지못하는자도 있읍니다。 그런 사람은 일희가 오면 양을 바리고 자긔만 피해 바립니다。 예수는 당신이 어룬이나 아해나 모든 인간을 얼마나 사랑함을 보이기위하야 조흔 목자의 비유를 들어 말슴하셨읍니다。 예수 말슴하시기를

선한목자

『나는 선한 목자라 선한목자는 양을 위하야 목숨을 바린다』고 하셨읍니다。
예수는 또 자긔가 우리를 사랑하야주실뿐 아니라 우리들이 서로 사랑하지아니하면 아니되겟다고 말슴하시고
『네 리웃 사랑하기를 네몸같치 사랑하라』고 가르치셨읍니다。

三十、착한 사마리아 사람의 비유

어떤사람 하나이 말슴을 듯고 예수께 뭇기를
『그러면 누가 내 리웃입니까?』하니 예수는 다음과 같치 자미있는 니야기로 그말을 대답해주셨읍니다。

엇던사람이 예루살넴으로 브터 여리고까지 려행하는중에 로중에서 도적을 맛났읍니다。 도적은 그의 가진물픔을 다 빼앗고 닙은옷까지 벗기고 거의죽게 따린후에 도망하야 갔읍니다。 얼마아니되여 어떤 제사장이 그곳을 지나다가 그사람을 보고도 못본체하고 갓고 또 조금뒤에 레위사람 (하나님의 성전을 맡은사람)이 그길을 지나다가 일부러 그사람 마저누어있는곳까지 가서 보고도 역시 지내가 바렸읍니다。 그후에 사마리아라 하는 다른지방사람이 그곳을 지나가다가 그참혹한 모양을 보고 측은히 녁여 곳 라귀에서 나려 그곁으로 가서 그상처에 약을

예수사적그림 四五

사마리아사람이상한사람을도아줌

예수사적그림 四六

바르고 뵈로 싸맨후에 자긔의 탓던라귀에 태오고 그근처 려관으로 다리고 갔읍니다。그리고 그날은 자긔도 그와 함께 머물고 그 이튼날 떠날때에 려관주인을 불너 그 중상한사람을 잘 간호하여주라 부탁하며 그부비를 물어준후에 또 말하기를 만일 비용이 더들면 자긔가 도라오는길에 갑하주마 하고 길을 떠나 갔읍니다。예수께서 이말슴을 하시고 제자들에게

『자 이 세사람중에 누가 그 도적맛난사람의 리웃이 되겟느냐』무르셨읍니다。그대답이 『셋재번에 구제해준 사마리아사람이니다』하니 예수 말슴하시기를 『그러면 너도 그를 본밧으라』고 하셨읍니다。

三十一、백합화 비유

또 어떤때에 예수는 백합화가 만발한곳에서 사람들을 가르치기도 하였읍니다。그때에 말슴을 듯고있던 사람중에 다수는 날마다 먹을물건과 닙을것으로 인하야 근심걱정하는 가난한 사람들이었읍니다。그리하야 예수는 이같이 말슴하였읍니다。

『너희들은 몬저 하나님 나라와 그의를 구하라 그리하면 다른것은 자연히 주시리라 저긔 픠여있는 백합화를 보라 백합화는 아모것도 하는것이 업건마는 이세상에서 제일가는 부자가 이꽃만치 아름답게 닙지못하엿나니라。또 공중에 나는

예수께서교당에서가르치심

가마귀를 보라 심으지도 아니하고 거두지도 아니하되 오히려 하나님이 기르시거든 하믈며 사람이야 꽃이나 새보다 얼마나 더 하나님압헤서 귀한지 모른다」 만일 사람이 하나님의 거룩한 뜻을 좇기만하면 확실히 우리의 쓸물건을 다 가초아 주십니다。

三十二、탕자의 비유

예수에게 와서 그 가르치시는 말씀을 듣는 사람중에 그말씀의 뜻을 오해하야

예수사적그림 四八

하나님은 선한 사람만 사랑하야 주신다고 생각하는 사람도 있는고로 그런사람에게는 다음과 같은 말슴으로 가르치셨읍니다。

어떤 사람이 두 아들을 두엇는대 하로는 둘재 아들이 저희 아버지에게 와서『나의 얻을바 산업을 지금 내게 난호아 주시오』하였읍니다。그 아버지는 그의 원하는대로 산업을 난호아 주었읍니다。그후 몇일이 못되여 둘재 아들은 자긔가 얻은 산업을 다 모화가지고 먼나라에 려행을

방탕한아들이아비에게도라옴

예수사적그림 四九

떠났읍니다。 그리하야 그는 여러가지 좋지못한일노 산업을 다 탕진하여 바렸읍니다。 그는 돈이 한푼도 없게되였을때에 그나라에 흉년이 들어서 심히 곤난케되였읍니다。 돈이 있을때에는 친구도 만터니 간난한 금일에 니르러서는 아모도 도라보는자가 없었읍니다。 그는 하는수없이 다른사람의 집에 가서 도야지를 치게 되였읍니다。 먹을것이 부족하야 아모리 주려죽게 되였을지라도 아모도 먹을것을 주는자 없으매 그는 할수없이 도야지의 먹는 팟겁질노 충복코저 하였읍니다。

이와같이 자긔가 자긔몸을 타락식혔으나 다시 생각하여 본즉 『아버지의 집에는 만흔품군이 있어 다 배불니 먹거늘 오직 나는 이같이 주려죽겠고나! 찰하리 집에 도라가서 내죄를 아버지께 사과하고 아버지에게 나를 품군의 하나로 써줍시오』하고 청원이나 하겟다 결심하고 자긔 부친의 집으로 향하야 도라올새 점々 집에 가까히 올때에 부친은 급히 달녀나와 그아들을 안고 심히 기뻐하였읍니다。 아들은 저의 죄를 자복하고 저는 아들의 자격이 없다고 하였읍니다。 그러나 아버지는 곳 종을 불너 제일 조흔옷을 갖다 닙히고 또 살진송아지를 잡아 큰 잔채를 배설하였읍니다。 그의 아버지는 죽엇던 아들이 다시 살아났으며 잃었던 아들을 다시 찾엇다하야 매우 즐겨하였읍니다。

예수사적그림 五〇

三十三、소경 바듸매오를 곳치심

이는 예수께서 마지막으로 예루살넴을 향하고 올나가실때의 일입니다。 여리고 성문밖에를 지나 가시노라니 길가에 안저서 구걸하는 바듸매오라 하는 소경이 예수의 소문을 듣고 또 예수는 불상하고 슬펴하는 사람을 만히 사랑하시는이신줄 알고 큰 소래로 부르는말이『다윗의 자손 예수여 나를 불상히 녁이소서』하엿읍니다。 여러 사람들이

예수께서소경을곳치심

암만 잠々하라 꾸짖었으나 그는 더욱 소래를 놉혀 『나를 불상히 녁이소서』 하였읍니다。

마침 예수께서 그곳에 가까히 니르러 서시고 또 제자들이 그에게 달녀가서 말하기를 『안심하라 그가 너를 부르신다』 하니 그는 것옷을 바리고 예수압흐로 갔읍니다。 예수ㅣ 그에게 무르시는 말슴이 네가 내게 무엇을 구하나뇨 하시니 그대답이 『소경이 어찌 돈이나 음식을 구하오리까 주여 나를 보게하여 주소서』 예수ㅣ 그 대답하는 말을 드르시고 기뻐하사 웃으시며 말슴하시기를 『네믿음이 너를 낫게 하엿다』 하시니 즉시 눈이 떠진지라 그사람은 소래를 질너 기뻐하며 예루살넴까지 예수를 따라갔읍니다。

三十四、 라사로를 살니심

마침 예수께서 예루살넴에 가까히 니르시니 벳아니라 하는 촌으로 브터 한사자가 와서 예수를 오시라고 청하였읍니다。 이는 그곳에 있는 라사로라하는 사람이 병이 들었음으로 예수께 곳처주기를 청한것이였읍니다。 공교히 사자가 왔을때에 예수는 다른곳에 가 계서서 그사자와 가치 못가시게 되였읍니다。 그럼으로 예수가 벳아니에 니르실때는 라사로가 임의 죽어 장사까지 한후이였읍니

예수사적그림 五二

다。예수의 오심을 보고 라사로의 누의들은 급히 다라와서 예수를 맞고 울며 말하기를『나사로는 죽엇나이다』하니 그말을 드르시고 예수도 울으셨읍니다。

예수는 다시 그 두녀자를 위로하시며 라사로가 살아나겟다 하셨읍니다。그리고 그의 묻친곳을 무렀읍니다。 무덤은 굴인대 넓으로 드러가게되엿고 무덤문은 돌노 막아섰읍니다。예수ㅣ 그돌을 옴겨 노흐라 하시니 마르다 말이『선생님 라사로가 죽은지 발서 나흘이 되엿은즉 내암새가 나겠읍니다』하였읍니다。그러나 예수께서 다시 명하시니 그곁에 있던 누가 무덤의돌을 옴겨 놓았읍니다。이때 예수는 큰소래로『라사로야 니러나라』하시니 죽엇던 라사로가 뵈로 싸맨채 니러나 나왔읍니다。예수는 사람들에게 명하야 라사로몸에 감긴뵈를 풀어 자유로 단니게하라 하

라사로무덤문에돌을옴겨노흠

섰읍니다。이때에 라사로의 친척이야말노 얼마나 기뻐하엿겠읍니까? 그들은 이로브터 더욱 더욱 열심으로 예수를 믿었읍니다。그러나 예수를 반대하는 자들은 더욱 더욱 예수를 뮈워하야 어떠케 예수를 죽일고 하고 서로 의론하였읍니다。

모친들이어린아해들을예수께다려옴

예수사적그림 五四

三十五、예수께서 아해들을 축복하심

하로는 전과 같치 예수께서 만흔사람에게 가르치실때에 녀인들이 아해들을 다리고 왔읍니다。 그녀인들의 생각인즉 예수께서 아해들의 머리우에 안수만 해주서도 선한 아해들이 될줄노 믿었읍니다。 제자들은 아해들의 모친을 불너 꾸짖어 보내랴 하였으나 예수는 못하게 하셨읍니다。 그리고 『어린아해들을 내게로 다려오라 천국에 있는자는 다 이와같으니라 사람이 참으로 어린아해와 같이 되지못하면 하나님나라에 드러가지 못하리라』 고 하셨읍니다。

三十六、예수ㅣ젊은부자와 담화하심

또 어떤 젊은부자가 예수에게 나아와서 『선생님 천국에 드러가랴면 어떠케하여야 좋겠읍니까』 무렀읍니다。 예수는 대답하시기를

『네가 하나님의 십게명을 아나니 살인하지 말며 도적질하지 말며 거짓 증거하지 말나』 하섯다 하시니 그 젊은사람은 말하기를

『그것은 내가 어렸을때 브터 직혓나이다。 그밖에 또 부족한것이 있읍니까』 하고 무렀읍니다。 예수말슴이

『그러면 또 한가지 부족한것이 있으니 네 있는것을 팔아 가난한자를 주라 그

리하면하날에 보화가 있을것이오 또 와서 나를 좇으라』 하시니 이말을 드른 그 젊은사람은 근심하는얼골노 도라가고 말았읍니다。

이 사람은 큰 부자인고로 그 가진것을 바리기를 애석히 역엿지오 그럼으로 예수는 제자들에게 이러케 말슴하셨읍니다。

『부자가 하나님나라에 드러가는것은 약대가 바늘구멍으로 나가는것보다 어려우니라』 고요。 그래서 제자들이 이말슴을 듣고 놀내여

『선생님 그러면 누가 구원을 얻겠읍니까』 하니 예수 말슴하시기를

젊은부자가예수께말슴함

『사람의 힘으로는 도저히 될수없으나 하나님은 능치못하신것이 없나니라』 하셨읍니다。

三十七、과부의 연보

또 예수와 그 친구들이 크고 아름다온 성전안에서 백성들이 제사장의게 례물을

예수사적그림 五六

과부가자긔소유를다연보함

갖다주고 나올때에 연보궤에 돈 던지는것을 보시고 마침 여러부자와 옷잘닙은 사람들중에 한 간난한과부가 돈두푼 넛는것을 보시니 저의 가진것을 있는대로 다 드린것이라 예수 제자들을 부르사 말슴하시기를 『너희는 저 간난한 녀인을 보나냐』하시고 『다른사람들은 부요한중에서 쓰고남은돈을 바치거니와 저녀인은 간난한중에서 저의 가진것을 다 드렷나니 다른사람들보다 더만히 드렷나니라』하셧읍니다。

三十八、예수 마지막으로 예루살넴에 가심

예수께서 열두살되엿을때 처음으로 예루살넴대제에 가섯던일은 전에 발서 말

예수사적그림 五七

하였읍니다。예수는 그후도 해마다 반듯이 가셨읍니다。이제사는 유월절이라 하는 제사인대 녯적에 죽음의 사자가 세상에 왓슬때에 양의피가 문지방에 발닌집만 남겨놓코 넘어간일이 있어서 그때의일을 긔억케하기 위하야 직히는 절긔였읍니다。이절긔가 되자 예수의 예루살넴 가실때가 또 왔읍니다。그리하야 예수가 예루살넴에 가까히 니르셨을때에 제자를 보이는 촌으로 보내며 말슴하시기를『저긔가면 아직 사람이 타지아니한 라귀삭기가 나무에 매여있으리니 그것을 풀어오라 만일 사람이 무엇에 쓰나냐 뭇거든 선생님이 쓰시겟다고 하라 그리하면 아모말없이 보내리라』하셨읍니다。

제자들은 그말슴대로 하였읍니다。그리하야 그 라귀삭기 우에 옷을 펴고 예수는 타시고 제자들은 따라서 예루살넴을 향하야 떠낫읍니다。그때에 만흔사람이 예수를 따라 갔읍니다。그중에 예수를 믿는 사람들은 나무가지를 버혀서 길에 펴는자도 있고 옷을 벗어 펴는자도 있고 예수의 압과 뒤로 따라오며 예수를 찬미하였읍니다。우리들이 요재쓰는말노 하면『우리의 님군 예수 만세!』하는 모양으로 예수를 왕이라고 불넛읍니다。아해들까지도 종려나무가지를 꺾어들고『예수만세!』를 불넛읍니다。실노 예수의 가시는길은 인산인해를 일우엇셧읍니다。어떤사람은 모르고 그가 누구냐고 하였으며 또 어떤사람은『나사렛 예수라』고

예수사적그림 五八

하였읍니다。

예수는 이러케 많은사람의 환영과 찬미소래 가온대를 지나서 예루살넴까지 드러가섰읍니다。 그럴지라도 점점 가까히 가사 예루살넴 성을 바라보시고 눈물을 흘니섰읍니다。 어쩐까닭이냐 하면 몃해를 지나지못하야 이 도성이 대적의 손에 온전히 망할것을 생각하신까닭이올시다 그럼으로 이같이 말슴하섰읍니다。

예수께서영광스럽게
예루살넴에드러가심

『슬프다 예루살넴아! 슬프다 예루살넴아! 나는 암닭이 병아리를 날개아래 모흠같이 너희 자녀를 모흐려 하였으나 너희는 그것을 원치아니하였도다!』 예수께서 성전안에 드러가시니 그의 마음 상할만한일이 또한 많았읍니다。 그것은 식골로브터 소와 양과 비닭이를 팔너온자가 성전안에서 가가를 삶이고 있는것이였읍니다。

또 돈을밧고는자도 있었읍니다。 예수는 말슴하시기를 『성전은 긔도하는집이라 성경에 씌여있거늘 너희들이 강도의굴혈을 삼는고나』하고 책망하섰읍니다。 그래

서 노끈으로 채찍을 만드사 책상과 교의를 둘너업흐사 악한사람과 양들을 성전밖으로 몰아 내쫓이셨읍니다。 그런대 제사장과 그밖에 예수를 슳여하는자들은 매우 노하야 어떠케 예수를 죽일고 생각하였읍니다。 그러나 한편에는 예수를 믿는사람이 더욱더욱 만케됨으로 사방에서 소경과 절늠발이 병신이 많이 모혀들었읍니다。

三十九、세 상 의 빛

예수는 백성들노 하여곰 자긔가 얼마나 저희들에게 복주랴하시는것을 알게하시기 위하야 때때로 당신의몸을 우리가 보통 생활하는대 쓰는 포도나무나 떡이나 길같은것에 비하야 말슴하였읍니다。 이 까닭으로 한번은 예수 말슴하시기를『나는 세상의빛이니 나를 따르는사람은 어둔대 행치아니하고 생명의빛을 얻으리라』(요八○十二) 하셨읍니다。

여긔있는 그림은 어떤 유명한 화가가 아조 아름답게 그려 영국 론돈에 있는 성바울례배당에 걸어둔것인대 그제목을『세상의 빛』이라 하였읍니다。 여러분이 보시는바와 같이 예수께서 손에 등을 드시고 두다리시는 문은 곧 리긔심과 불신하는 마음과 잡초와 같이 함부로 자라게 내바려둔 사람의 마음을 보이심이외다。

이와같이 예수는 각죄인의 마음문을 두다리시며 자긔 구원의 빗촐 그속에 비최여 주시랴고 애쓰십니다。

세 상 의 빛

四十、제자들의 발을 씻기심

유대풍속에는 유월절이 되면 집집이 양을 잡아 먹었읍니다。 그럼으로 예수의 제자들은 예수께 『유월절을 어듸가서 준비하라 하시나이까』 하고 무렸읍니다。 예수는 제자들에게 말씀하시기를

『너희가 저자에 가면 동에 물을 담아가지고 가는사람을 맛나리니 그사람의 뒤를 따라가 그집으로 드러가라할때에 집주인을 보고 우리선생님이 그 제자와 할께 유월절을 네집에서 직히겟다 하라 그리하면 주인이 방을 줄터이니 그 곳에서 준비하라』고 하셨읍니다。그래서 제자들은 그 가르치신곳으로 가본즉 과연 그말슴과 같은지라 그곳에다 유월절을 준비하여 놓고 다시 도라왔읍니다。

제자들의발을씻기심

날이 저물매 예수께서 열두제자와 가치 그집에 모히사 저녁을 잡수셨읍니다。그때 풍속에 식사전에 발을 씻는 풍속이 잇섰는대 아모도 씻처주려 오지 아니하니 예수께서 니러나사 수건으로 허리를 동이시고 대야에 물을 담아가지고 돌아가며

제자의 발을 씻기셨읍니다。 아마 그때 제자들은 면목이 업섰겠지오 이때 시몬베드로는 예수께 말하기를『나의 발은 씻기지못하시리이다』하니 예수는『네가 만일 씻지안으면 너와 나는 상관이 없다』고 말슴하섯읍니다。 베드로는 그 말슴을 듣고『그러면 나의 손과 얼골도 씻겨주소서』하였읍니다。 예수 말슴하시기를『아니다 발만씻어도 족하니라。 나는 너의선생이 되여 너희의 발을 씻겼으니 너희는 나에게 배와서 비록 천한일이라도 슳여하지 말고 서로 행하게하라 너희중에 누구던지 놉고저하는자는 남을 섬기는자가 되리라』하셨읍니다。

四十一、주의 성만찬

예수ㅣ 말슴을 맛치시고 음식을 잡수시며
『실노 너희가온대 나를 원수의손에 잡아줄자가 잇나니라』하시니 제자들은 서로 얼골을 처다보며『누구이냐…?』하였읍니다。『지금 내가 먹을것을 한조각 찍어주는 사람이로다』하시고 예수께서 곧 그음식을 가룟시몬의아들 유다라하는 제자에게 주시니 유다는 예수가 저의마음속에 계획한것을 발서 아신줄노 알고 급히 그방을 떠나갔읍니다。

그로브터 예수는 떡을 가지사 축사하시고 떼여 제자들을 주시며 말슴하시기를

예수사적그림 六三

주의성만찬

『밧아먹으라 이것이 내몸이라』하시고 또 잔을 가지사 축사하시고 저희게 주며 말슴하시기를『이것을 마시라 이것은 언약하는 나의 피니 여러사람의 죄사함을 위하야 흘림이니라 그러나 내가 너희에게 일으노니 이 세상에서 너희와가치 마시는것도 이번이 마지막이오 이다음에는 또 천국에서 마시겟다』하셧읍니다。예수께서 이갈이 말슴하심으로 제자들은 대단히 슬퍼하엿읍니다。

四十二、예수 제자들을 위하야 긔도하심

이때에 예수ㅣ 제자들을 위로하는 말슴이

『너희는 그리 슬퍼하지 말나 내가 다시

너희를 위로하러 오겠노라』하시고 제자들이 시험에 들지안키 위하야 열심으로 긔도하셨읍니다。 예수께서 이같이 긔도하신후에 평소에 제자들과 늘 함께단니시던 겟세마네 동산으로 가셨읍니다。 그곳에 가시는 길에서 예수께서는 제자들에게 이러케 말슴하셨읍니다 『너희는 다 오늘밤에 내몸에 당할고난을인하야 나를 슳여바리리라』 베드로는 『아니오! 선생님 모도 다 선생님을 바릴지라도 나는 반듯이 바리지아니하겠다』고 하였읍니다。 그럴지라도 예수는 『아니다 아니다 오늘밤 닭이 두번 울기전에 세번 나를 모른다

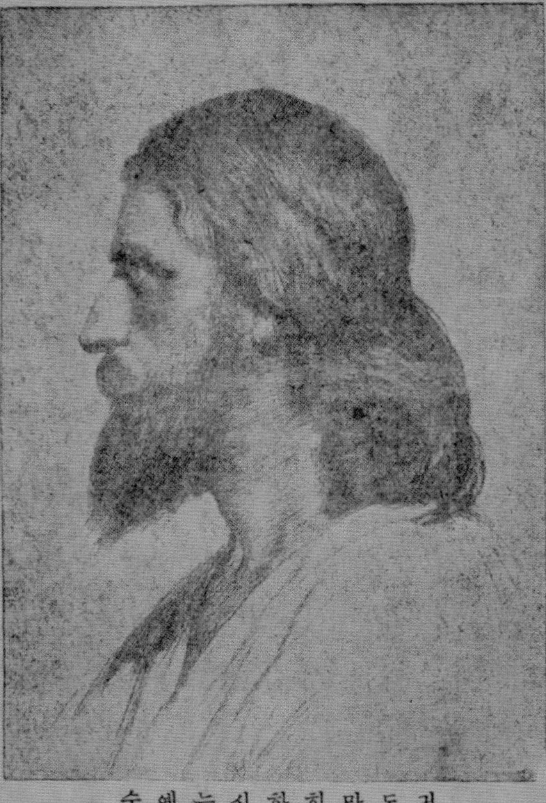

긔도만히하시는예수

하리라』 말슴하신즉 베드로는 더욱 굿세히 말하기를
『아니오 나는 죽을지라도 선생님을 모른다고 아니하겠읍니다』 하고 맹세하였읍니다。

四十三、 포도나무 비유

예수ㅣ 십자가에 달니시기전에 그 제자들노 더브러 오래동안 포도나무 비유를 말슴하신것은 우리 그리스도인들로 하여곰 예수를 포도나무의 본밑동으로 삼고 어떠케 우리 그리스도인들이 모다 그 가지가되여 서로서로 련합하야 살아야 할 것을 알녀주시라 하신것인줄노 압니다。 포도의 가지가 서로서로 본밑동 줄기에 붙어있을때에만 생명이 있고 가치가 있음을 예수께서 가르치신것은 그 가지들이 본줄기에서 힘을 얻어 사는 까닭입니다。 만일 포도나무 가지들이 본밑동 줄기로 브터 떠러지면 다 말나 죽을지니 불땔나무 밖에 되지 못할것입니다。

四十四、 겟세마네동산에서 긔도하심

예수ㅣ 겟세마네동산에 니르사 제자들에게 말슴하시기를 내가 가서 긔도하고 올러이니 너희는 깨여있으라 하셨읍니다。 넷적 유대국 풍속에는 사람이 죄를 범

하면 어린양을 죽여 그죄를 속량하였읍니다。 꼭 그와 마찬가지로 이제 죄가없으신 예수께서 세상사람의 죄를 속량하기 위하야 죽음을 당하게 되셨읍니다。 세상사람의 죄의중량은 예수께서 견대시기 어려울이만치 무거웠읍니다。 예수께서 긔도하실때에 몸에서 피와 땀이 흘넜읍니다。 사람의 죄악을 위하야 예수께서 그처럼 번민하셨읍니다。 예수는 긔도하시기를『아! 아바지여 만일 아바지뜻에 합당하시거든 이 괴로옴을 내게서 써나게하여주옵소서 그러나 나의 뜻대로 마옵시고 아바지의 뜻대로 하시옵소서』하시고 힘을얻으사 제자들의게로 도라와 보시니 제자들은 다 자고 있섰읍니다。 예수는 제자들을 깨오시며

『너희는 잠시도 나와 가치

예수겟세마네동산에서긔도하심

예수사적그림 六七

깨여있지 못하나나? 시험에 들지안도록 깨여 긔도하라 마음에는 원이로되 육신이 약하도다」하시고 또 가서 긔도하시고 도라와 제자들을 보시니 제자들이 잠은 피곤한 까닭이였읍니다。세번재 나아가 긔도하시고 오서서는 제자들에게 『지금은 쉬라」고 하셨읍니다。

四十五、예수의 잡히심

그리자 얼마아니되여 나무사이로 불빛이 보였읍니다。예수는 제자들을 니르키시며『지금 저기 나를 원수의 손에 판자가 온다」고 말슴하셨읍니다。이때 유다는 홰불과 칼을 가진 무리앞에 서서 예수에게로 나아왔읍니다。예수는 만흔사람의 앞으로 나아가시며『누구를 찾나냐」고 무르신즉『나사렛 예수를 찾는다」고 대답하였읍니다。예수가

『내가 그로라」고 하시니 대적들은 조곰 물너가서 따에 업더졌읍니다。이때 베드로가 칼을 빼여 한사람의 귀를 버히니 예수ㅣ 베드로다려 말슴하시기를『칼을 집에 꼬지라」하시고 버혀떠러진 귀를 만지사 곳처주셨읍니다。

이때에 악한무리들은 드대여 예수를 결박지어가지고 끌고 갓읍니다。그리자 제자들은 예수를 바리고 도망하였읍니다。때는 밤임으로 관청은 아직 개정치 아니

예수사적그림 六八

유대가입맛촘으로예수를팜

한지라 사람들은 예수를 끌고 제자장의 집으로 갔읍니다。베드로는 예수의 일을 금심하야 멀니서서 그뒤를 따라갔읍니다。그리하야 제사장집에 니르러 종들과가치 불을 쪼이고 있을때에 한계집 종이 베드로의 곁으로 와서 그얼골을 처다보고 『너는 나사렛 예수의 무리라』고 한즉 베드로는 『아니라 나는 그를 아지 못한다』고 하였읍니다。그리고 나올때에 곧 닭이 울었읍니다。

예수사적그림 六九

四十六、베드로가 주를 모른다함

조금 있다가 앞에 어떤종 하나이 베드로를 보고 곁에 있는 사람에게 말하기를 『이 사람도 예수와 한곳에 있던 자라』하니 베드로는 또『아니라 예수라하는 사람은 내가 아지못 하노라』고 대답하였읍니다。그 후에 또 조금 있다가 그곁에 잇 던사람들이 베드로다려 말하기 를『너는 확실히 예수와가치 있 던것이 분명하니 너의 음성이 이

베드로가주를모른다함

를 증명한다』한즉 베드로는 또「아니라 그런일이 없노라 나는 그사람을 아지못 한다』할때에 닭이 두번재 울었읍니다。이때에 베드로는『네가 닭이 두번 울기 전에 세번 나를 모른다 하리라』하신 예수의말슴을 긔억하고 밖으로 나가 심히 통곡하였읍니다。

예수사적그림 七○

四十七、예수ㅣ제사장과 빌나도앞에서 심문 당하심

제사장들은 예수를 정죄하랴고 증거를 잡으랴할때에 두사람이 거짓말노 예수를 송사하였으나 예수께서 아모말슴도 아니하셨읍니다。 이때에 제사장은 니러나 어찌하야 대답이 없나냐고 예수에게 힐문하였읍니다。

그리고 제사장은 또 예수에게 『네가 하나님의 아들이냐?』고 무렀읍니다。 예수는 그말이 올타고 대답하셨읍니다。 그리자 제사장들과 밋 그곳에 섯던 사람들은 대단히 분노하야 예수를 죽일죄로 정하지아니하면 아니되겠다 하고 실노 혹독한 대우를 하였읍니다。 또 그곳에서 일하는자들까지 예수를 싸리며 어떤자는 침을 배앗으며 어떤자는 비웃고 또 얼골을 가리우고 따리며 말하기를 『네가 하나님의 아들이라하니 지금 따린자가 누구냐?』 이같이 당치못한 무례한 행동을 하였읍니다。

새벽이 되여 사람들이 예수를 앞문으로 끌고 나가서 방백 빌나도앞에 세우고 재판을 하였읍니다。 제사장들은 여러가지로 송사하였으나 예수는 아모대답을 아니하시니 빌나도는 이상히 녁였읍니다。 그리하야 예수가 무슨일을 하였나냐 스사

예수사적그림 七一

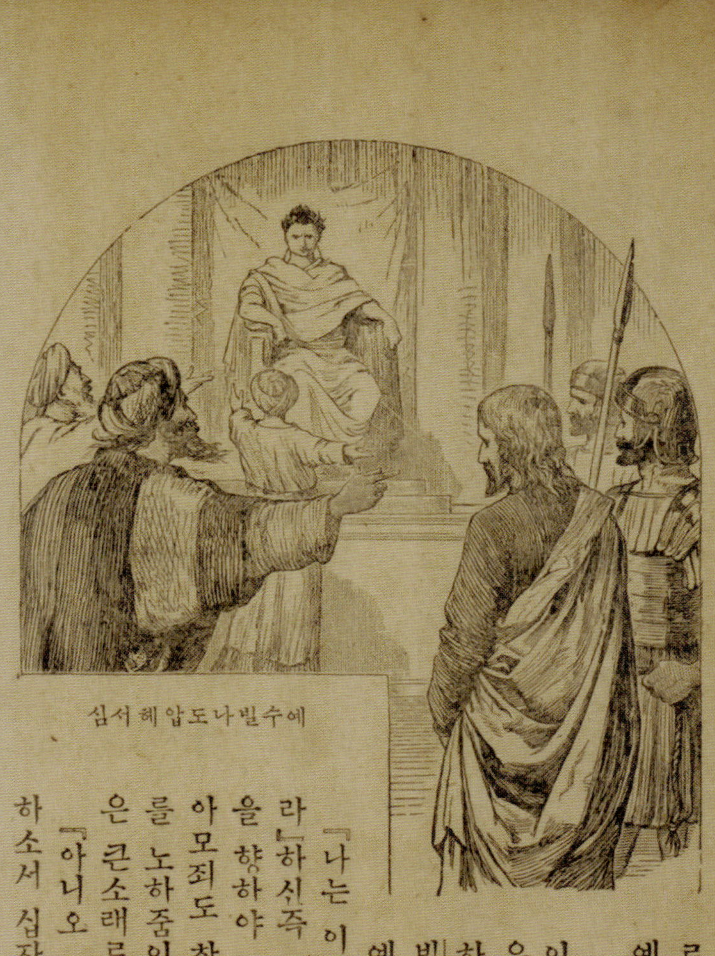
에수빌나도압헤서심

로 말하라고 하였읍니다。
예수는
『내 나라는 이 세상나라
이 아니라 그런고로 내종들
은 다토지 안는다』고 말슴
하셨읍니다。그말슴을 듣고
빌나도는 더욱 놀났읍니다
예수는 또 말슴하시기를
『나는 이를 위하야 이세상에 왔노
라』하신즉 빌나도는 송사하는사람들
을 향하야 『나는 이사람에게 대하야
아모죄도 찾을수가 없다。그런즉 이
를 노하줌이 어떠하냐』한즉 사람들
은 큰소래로
『아니오 예수를 십자가에 못밧게
하소서 십자가에 못박게 하소서』하

예수 아모 죄도 없음을 빌나도가 증거함

였읍니다。

빌나도는 이말을 듣고 심히 근심하였읍니다。빌나도는 사람들을 기쁘게 하려하나 예수는 아모 죄가 없을뿐 아니라 그 안해에게로브터 사자가 와서 말하기를『그옳은사람에게 아모상관도 하지마소서 내가 그사람을 인하야 만히 애를 썻나이다』하였읍니다。그러나 사람들은 더욱더욱 소리지르기를『십자가에 못박게 하소서』하니 빌나도는 물에 손을 씻고 말하기를『저사람의 피는 내게 관계가 없다』한즉 사람들은 큰소래로『저의피는 우리와 밋 우리자손에게 돌니게 하리이다』하였읍니

다。군사들은 가시로 면류관을 만들어 예수에게 씌우고 홍포를 닙히고 손에 갈대를 들녀 그 앞에서 절하며 여러가지로 조롱하기를 다하매 십자가에 못박으러 끌고 나갔읍니다。

四十八、예수의 못박히심

예수와 한가지로 두 죄인도 십자가에 못박을새 하나는 옳은편에 잇고 하나는 왼편에 있더라。무슨죄로 십자가에 못박혓는지 그곳을 지나는 사람들에게 알게 하기 위하야 십자가우에 죄명을 써 붙치는법이 있었는대 도적이면 도적이라 쓰지마는 예수는 아모죄의 관계가 없는고로 빌나도는『유대인의 왕이라』써서 붙쳤읍니다。예수를 송사하던 사람들은 이를 만족히녁이지 아니하였으나 빌나도는 다른말을 더 쓸수 없다 하였읍니다。그곳을 지나가는사람들과 또 그와 한가지로 십자가에 못박힌 강도들까지 예수에게 너는 하나님의 아들이 아니냐 십자가에서 나려오라』하고 긔롱하엿읍니다。그러나 예수께서는 어떤일을 당하시던지 아모 말슴도 아니하시고 잠잠히 참으셨읍니다。

그뿐아니라 당장 자긔손과 발에 못을박는 군사들까지 위하야 긔도하섯읍니다。『아바지여 저들을 용서하야 주옵소서 저희는 저들의 하는일을 아지못함이니

예수사적그림 七四

예수의못박히심을사람들이목도함

다』하셨읍니다。 예수께서는 십자가 아래에 자긔모친 마리아와 자긔가 제일사랑하시던 요한 두 사람이 잇는것을 보시고 요한에게 말슴하시기를『이가 네어머니라』하시니 그때브터 요한은 예수의 모친을 저의집에 모셨읍니다。

四十九、예수의 운명하심

때는 열두시였읍니다。 해빛이 가장 강할때인대 별안간 밤중 같이 캄캄하여졌읍니다。 십자가에 못박힌 죄인 하나는 죄를 뉘웃치고 예수의게 말하기를『청컨대 천국에 드러가실때에 나를 생각하소서』하고 원한즉 예수 말슴하시기를『너는 오늘 나와 함께 락원에 있으리라』하셨읍니다。 어두움은 오후세시까지 계속하였읍니다。 꼭 세시에 예수는 긔도를 맛치시고 운명하셨읍니다。 그때 예수의 십자가

예수사적그림 七五

예수의시체를무덤으로운구함

곁에서 수직하던 군사들도 말하기를 『이사람은 진실노 하나님의 아들이라』 하였읍니다。

五十、 예수의 장례

이때에 일즉이 예수를 믿는 부자 한사람이 그 근처에 무덤이 있었는대 그사람이 빌나도를 찾어보고 예수의 시체를 달나 하야 유대사람의 전례대로 예수시체에 향을 바르고 또 뵈로 싸서 그무덤에 모시니 이 무덤은 전에 말슴하신 라사로의 무덤과같은 돌굴인대 무덤문은 돌노 굳게 막아 두었읍니다。시체는 틀々한무덤에 장사하엿지마는 대적들은 안심을 못하고 숙은숙은하였읍니다。그 연고는

예수ㅣ 살아계실때에 말슴하시기를 三일만에 다시 살아나시겟다하신 까닭입니다。

그런고로 대적들은 빌나도에게 청원하야 무덤문을 인봉하고 군사로 하여곰 수직케 한후에 조곰 안심하였읍니다。 예수께서 못박히시던 날은 금요일(金曜日)인대 그 이튼날은 유대인의 안식일인고로 이날을 정숙히 직혓읍니다。 그 이튼날 즉 일요일 일은아침 채 밝기전에 어떤녀인신자들이 예수시체에 향을 더 만히 바르랴고 생각하야 무덤에 갔읍니다。 무덤문은 큰돌노 막었는고로 녀인들은 가면서도 누가 그돌을 옴겨줄가 하고 근심하며 갔읍니다。

五十一、녀인들이 무덤에 드러가 봄

그런대 가까히 가본즉 그 거정하고 오던 무덤문의 돌은 발서 치워놓았읍니다。 그럼으로 녀인들이 무덤안을 엿본즉 예수의 시체가 없는지라 깜짝놀나서 이일을 제자들에게 말하랴고 급히 도라갔읍니다。 베드로와 요한은 이말을 듣고 무덤으로 달녀가 속으로 드러가 본즉 시체누엇던 자리가 온전히 뷔엿는대 시체를 쌋던 뵈는 그대로 개켜 있었읍니다。 제자들과 녀인들이 이상히 생각하면서 집으로 도라올때에 막달나 마리아는 홀노 그곳에 머물너 있었읍니다。

예수사적그림 七七

五十一、마리아가 무덤에서 천사를 맛남

마리아는 무덤밧에서 울며 굽흐려 무덤속을 드려다 보앗읍니다。 흰옷을 닙은 두천사가 예수시체 누었던곳에 앉었는대 하나는 머리편에 있고 또 하나는 발치에 있었읍니다。 천사가 마리아다려『녀인아 어찌하야 우나냐』하니 마리아는『사람들이 내주를 가저다가 어느 곳에 두엇는지 아지 못하나이다』하고 대답하엿읍니다。

천사가녀인들에게예수가부활하심을말함

이 녀인은 예수에게 심히 독한병 곳침을 밧은일이 있는고

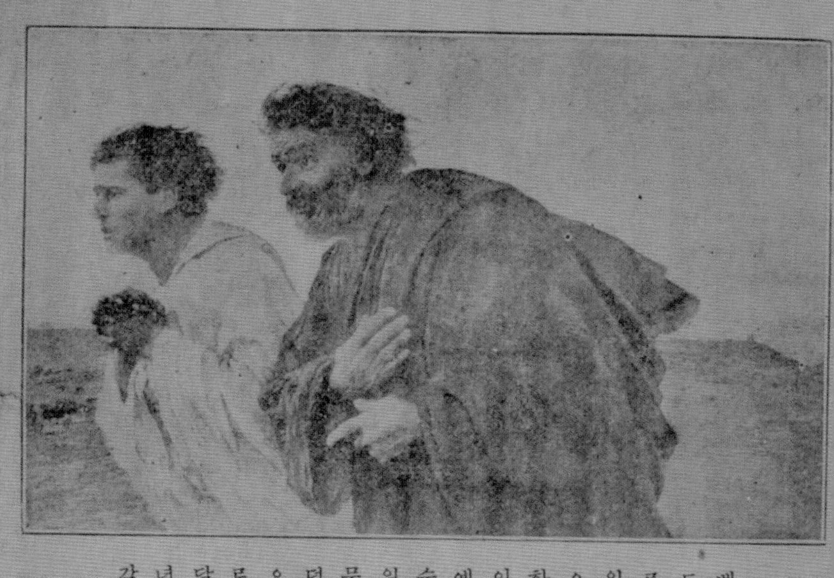

베드로와요한이예수의무덤으로달녀감

로 예수의 은혜를 매우 깁히 감[illegible]히 녀
여 무슨일을 하던지 도저히 예수의 은혜
를 갑흘수가 업다고 생각하였읍니다。
이녀인은 다른사람은 다 도라갈지라도
홀노 무덤에 머물너 있다가 천사의말을
듣고 몸을 도리켜 예수서신것을 보나
예수신줄을 아지못하고 그동산직이인줄
로 알고 말하기를
『만일 당신이 예수의 시체를 어느곳
으로 가저갔으면 어대 있다고 가르처주
시오』하였읍니다。

五十二、 예수ㅣ마리아와 말슴하심

그리자 즉시 자긔의 일홈을 부르는 소
리가 들니는지라 도리켜 보니 그 뒤에

는 예수께서 서 계셧습니다。 이날아침에 일즉이 지진이 있었을때에 무덤문이 열닌것이엿읍니다。 그때 직히던 군사들은 떨며 따에 업더저 크게 무서워하엿읍니다。 예수는 온전히 부활하사 처음으로 이 마리아에게 나타나셨읍니다。 마리아는 어찌나 기쁜지 견댈수가 업어서 예수의 발아래 업대여 오직 「선생님!」이라 한번 부를뿐이엿읍니다。 이때 예수는 마리아다려 말슴하시기를 제자들에게 가서 이말을 전하라고 하셨읍니다。

五十四、 예수 승천하심

예수께서는 부활하신후에 몬저 막달나마리아에게 나타나시고 그다음 열두제자와 오백문도에게까지 나타나셨읍니다。 예수께서 마지막으로 제자들의 머리우에 손을 얹으시고 참 친절히 축복하신후 조금 뒤에 몸이 따에서브터 떠나사 차々 공중으로 놉히 올나가셨읍니다。 드대여 구름속으로 들어가시고 보이지 아니하엿읍니다。 제자들은 하날을 우러러보며 한번 경배하랴고 생각할때에 흰옷을 닙은 두 사람이 나타나며 말하기를

「너희들은 어찌하야 하날을 우러러 보나냐? 예수는 다시 이 세상에 오실터인대 그것은 지금이 아니니라」하엿읍니다。그럼으로 제자들은 예수의 명하신대로

예수사적그림 八一

예수승천하심

예루살넴으로 도라가서 한곳에 모혀 열심으로 항상 가치 긔도하엿읍니다。 열흘 동안 그러케 긔도한후에 오순절에 성신의 충만함을 받고 여러곳으로 가서 사람들에게 예수의 일홈을 가르쳣읍니다。 그리하야 어떤 사람이던지 죄를 회개하고 예수를 믿는자는 다 구원을 밧앗읍니다。

예수사적그림 종。

예수사적그림 八二

同	二三七	同	三年十月二十九日	盈德郡江口面下渚洞五三	金聖道
同	五四七	同	十一年十一月十二日	同 盈德面烏保洞三〇	洪元遜
同	六四九	同	十三年一月十九日	同 二〇	趙振伊
同	五二六	同	十一年五月六日	同 大夫洞二六九	李方佑
同	二〇五	同	三年九月十八日	同 蒼浦洞六五〇	金應千
同	六二五	同	十二年六月二十八日	同 六八二	權重局
同	四七三	同	十年十月四日	同 老勿洞一四	申方友
同	四四九	同	十年七月二十一日	同 烏保洞二五	金景必
同	五六九	同	十二年三月十三日	同 考勿洞二〇	吳文燮
同	四七四	同	十年十月四日	同 丑山面丑山洞一一	武田安秋
同	一〇七	同	三年六月六日	同 一六二	金長學
同	二〇九	同	三年九月十九日	同 盈德面石洞九	金斗星
同	三三二	同	五年七月十一日	同 寧海面城內洞七三二	劉俊協
同	四四四	同	十年五月二十七日	同 丑山面景汀洞六一九	朴光相
同	五四六	同	十一年十一月十二日	同 盈德面石洞二四	金鎔夏
同	四一	同	三年五月十日	同 丑山面景汀洞三四三	金井謙
同	六五六	同	十三年五月二日	同 六三二	權壽曉
同	四九八	同	十年十一月二十九日	同 柄谷面居無役洞五九	朴德萬

スベ ナク 二因 其ノ トキ 得但 スベ

七〇 同 十年七月二十九日 善山郡[illegible]尾面元坪洞一一二ノ二 [illegible]二〇五 会

三年三月二十二日 大邱府市場町一一ノ二 佐

[illegible]十二月二十八日 漆谷郡倭館面倭館洞七八四ノ二 鄭

[illegible]月二十五日 大邱府元町二丁目八 杉原

[illegible]二十四日 同 堅町六二 黄

[illegible]月九日 同 七星町二三六ノ一七 申

月九日 同 元町二丁目二〇 中江

月三十日 同 七星町二三六 徐

月二日 同 南山町二四一 車

月十日 同 明治町二丁目二六八 張

[illegible]月五日 義城郡義城邑峴竹洞六八〇 金

五月二十一日 同 、 六九〇 李

昭和十九年五月十二日